U0164422

青森
文化

潘展平大律師、姚雅花律師 著

金的法庭日誌

序

潘展平大律師

　　《金的法庭故事》及《金的法庭日誌》系列已經有一段時間沒有和讀者見面了，為什麼呢？大概是因為新冠肺炎的疫情吧。新冠肺炎令到整個世界都慢下來，以前繁榮的街道都變得比較冷清，法庭的運作也慢下來，甚至曾經是完全停止，後來再次運作之後，也因為種種原因而拖延、押後，有些證人在海外不能回港作證，更有大律師在審訊期間染上新冠肺炎！整個法庭及法律團隊都要暫時停止！

　　在新冠肺炎期間有苦有樂，苦的是社會經濟大受打擊，尤其是旅遊業、航空業、餐飲業更是首當其衝，染病的人更會因此而送命！但是也可以苦中作樂，可以借機去郊遊，去平時沒有時間去的海灘，再次喚醒在海中暢泳的愉快感覺，也趁機反思，在新冠肺炎前的生活是多麼的快樂，可以隨便去旅遊、看戲、唱卡拉 OK、開派對等等。希望以後多些學會感恩，細數從上天獲得的恩典。

　　社會的節奏慢下來，居然令我寫法庭故事的速度也慢下來！覺得沒有需要跟從以往香港社會的急速步伐！

有一天，在高等法院處理完一宗案件，在離開之際，有一名年青人跑過來說看了《金的法庭日誌——一不小心變被告》，覺得很好看，互相交換了一些意見，在我離開時，還叫我「加油」，令我有很大的鼓舞。

　　年青人，多謝你，我會繼續努力，也多謝各位讀者多年來的支持、鼓勵及意見。很開心，新的一本《金的法庭日誌》現在出版了，希望可以給讀者一些正確的法律常識及一些特別的人生經歷。「加油！」

　　另外有一個好消息是姚雅花律師也對我這本書很有興趣，決定將一些法庭案件，尤其是離婚案件改寫出來，令這本法庭故事書，內容更加豐富。

序

姚雅花律師

新冠肺炎疫情期間，人心惶惶，很多人還離開香港移民到外國，其中也包括了一些大狀和律師，真是有一些難捨之情。

我在一次酒會中，有幸在一位大狀的介紹下認識了《金的法庭故事》及《金的法庭日誌》系列的作者潘大狀。

在和潘大狀的暢談中，我表示對《金的法庭故事》及《金的法庭日誌》系列很感興趣，我還說了一些有趣的家事法庭案件給潘大狀聽，潘大狀也覺得很有趣味。

有一天，潘大狀邀請我和他一起成為他新書的共同作者，我當時感到受寵若驚。我從來沒有想過自己可以成為一位出書的作者。很感謝潘大狀給了這個寶貴的機會給我，開啟了我的寫作之路。

我會努力，希望得到讀者的支持、鼓勵及意見。新的一本《金的法庭日誌》出版了，希望可以給讀者更多法律常識，分享律師及大律師處理案件時一些特別的經歷。

我很感恩，上天給予我的機遇和恩典，我亦同時希望大家可以繼續享受去旅遊、看戲和開派對的愉快生活。

序

陸貽信 資深大律師

首先恭賀展平兄再度為這系列推出新書。

他在本書以他慣常的生動有趣的手法，講述法律行業的日常工作及軼事，特別是法庭內外的見聞。本書既有助於揭開法律工作的神秘面紗，又能讓行外人士藉此分享到作者的專業經驗及見解，把法律普及化。

作為專業大律師，作者的業務範圍很廣。相信他處理的案件中，不乏一些個別同業也未接觸過的類型。我深信行內人及一般讀者閱讀此書，必定讀得津津有味，並獲益良多。

最後，本人從一個讀者的角度，在此感謝潘兄讓我們分享他的寶貴心得。

序

任穎明博士

很榮幸能為師傅潘大狀的新書作序。

我當潘大狀的徒弟，已是十年前的事了，身為他的其中一名徒弟，與有榮焉。成為執業大律師後，我和潘大狀也共同處理過不少案件。潘大狀和他筆下的虛擬人物金大狀有很多相似的地方：都是文武雙全，平日溫文爾雅，上庭時臨危不亂，經常在劣勢下能取得勝利。我也得以從中學會了不少技巧。這些技巧除了處理案件的技巧外，還有做人處世的技巧。

潘大狀過去出版的《金的法庭故事》和《金的法庭日誌》系列，很多都能登上同期暢銷書的榜首。他的法庭故事簡潔易明，能將艱深沉悶的法律議題，深入淺出化為饒有趣味的故事。無論是行內的法律界人士或一般讀者，都能容易理解明白，追看故事的發展。

在此謹祝潘大狀的新書再度榮登暢銷書榜首！

序

林浩恩大律師

筆者是我的師傅，師徒結緣於十年前的炎夏，離開校園不久的我首天學師，跟隨師傅去旺角警署，陪當事人辦手續，還記得步出旺角警署鐵閘時，石牆邊的紫薇正在盛開。十年來與師傅情誼不變，每當夏天時，但望紫薇仍是盛開。

我投身法律界，因為我喜歡法律，我喜歡「法律」不是它有如母親用藤條教仔般作出規範，而是彰顯公平與公義的平衡。

《金的法庭日誌》正正捕捉此微妙的平衡。由裁判法院案件，到以年計牢獄之刑的高等法院嚴重案件，法律在不同的事實背景中仍伸出其分辨是非的無形之手，平衡各方的權益。本書的每一個法庭故事，都載著法律最單純和基本的意義。

法律在社會不斷地演變，我深信每日在法庭案件上演的互動，都是驅動齒輪向前的一小步。希望你和我一樣，細味這本書內的法庭故事。

序

甘淑儀執業律師

要追溯與潘大狀相識的經過，大抵都經已是二十年或之前，我倆在律政署共事的日子了。這些年間，不論在律政署內，或是在私人執業上，我與潘大狀都合作無間，而且都非常暢順。

相信大部分讀者都知道，《金的法庭故事》和《金的法庭日誌》內的案件，絕大部分的取材都是來自真實個案。此系列將既繁複又沉悶的法律程序刪減，把案件的精髓都提煉出來，令讀者容易代入庭上的爭辯過程，提高大眾對法律的知識及興趣。於我而言，每次翻閱《金的法庭故事》和《金的法庭日誌》時，如同重溫與潘大狀一同處理案件的情境，亦令我感到份外回味。

故事中的被告人，看似僥幸獲勝。但現實中，每單勝訴的背後，都是經金大狀一番盡心盡力，秉持著抽絲剝繭的精神，把案中的疑點發掘出來。金大狀亦會透過精彩絕倫的盤問技巧，把謊話連篇、不盡不實的證人逐一擊破，還被告人一個公道。

內容簡介

　　《金的法庭日誌：法官閣下，請還我清白！》，本書內的法庭故事都是根據真實案件所寫的，本書中的人物都是虛構的，有些細節也是虛構的，但是法庭故事內的法例及程序，都是正確的。希望可以糾正一些錯誤的法律觀念，也給讀者帶來一些樂趣及正確的法律知識。

關於金大狀

　　金大狀現年三十六歲，醉心於鑽研法律。他喜愛法庭內的莊嚴，令人腦筋清醒，及當中發生的驚濤駭浪。他喜歡做不同的角色，因為會比較刺激。他有時會做辯方律師；也會處理律政司外判的案件，成為外判的主控；亦會處理民事案件；也會變身為暫委法官。

　　金大狀身高六尺，每天都做運動，不會暴飲暴食，時常保持標準的體重。他喜愛游泳、打乒乓球及練習武術。時常見到他喝著紅酒或黑啤酒，穿梭在雞尾酒會中。在酒會中他很受歡迎，因為他非常健談，有說不完的法庭故事。請繼續翻閱，你會看到很多令你驚奇的故事。

目錄

辯方大律師

1.

春夢「睡眠性愛症」（上集）

　　Tommy 與 X 是認識了十年的中學同學，也是好朋友，但並不是男女朋友，而雙方已各有女朋友及男朋友。

　　Tommy 與 X 及其他朋友（一共是五男四女）相約在一間酒店的房間談天，一齊飲酒談笑，非常開心，一直去到深夜，也不願回家。一齊在房間裏過夜，五名男士睡一張床，四名女士睡另一張床。

　　早上，大家一起去食早餐，而 X 並沒有去食早餐，但是 X 也有說應該放下一百元貼士給清潔工人。因為晚上有人嘔吐，弄污了房間，X 表面上也沒有什麼問題。

　　大約一個星期之後，Tommy 突然間收到 X 的 WhatsApp 短訊。

　　X：你是否有事情應該向我道歉？

T：Sorry，明天將保險單交給你。（因為 X 是一名保險經紀，Tommy 答應了 X 買一份保險，而 Tommy 尚未將填好的保險單交給 X。）

X：我不是說這個，我是說那天早上的事。

T：Sorry，請不要告訴阿玲（Tommy 的女朋友）。

X：若果我們不是朋友，我早就報警了。

T：我知道我睡覺時是衰人，對不起。

X：若果你當時是睡覺，為什麼我一問你便知道發生什麼事？

T：我睡醒時知道，但是我不知道我是真的做了，還是發夢。

後來 X 到警署報案，說那天早上，Tommy 非禮 X，X 正在睡覺，覺得有人摸她，她張開眼，見到 Tommy 就在床邊，摸她的腰、臀部及私處，而當時 Tommy 是睜開眼的。

Tommy 連忙找金大狀答辯。

金：你打算認罪還是不認罪？

T：不認罪。

金：你有什麼答辯理由？

T：我當時做了什麼也不知道。

金：你有夢遊的習慣嗎？

T：不知道，但是我的女朋友阿玲卻說我睡覺時有非禮她，有時還比較粗暴，不像平時的我。

金：那麼你是否有摸 X，你也不知道？

T：不知道。

金：你有沒有看醫生？

T：沒有。

金：我們找一個專科醫生診斷一下吧。

案發當天，控方傳召了 X 作供，X 說 Tommy 在早上摸她的腰、臀部及私處，當時 Tommy 的眼睛是張開的，X 當時很疲倦，所以推開了 Tommy 便繼續睡覺。

金大狀盤問 X。

金：你認識了 Tommy 十年？

X：是。

金：事發前你們是好朋友？

X：是。

金：事發時 Tommy 沒有說話？

X：沒有。

金：你也沒有說話？

X：沒有。

控方傳召精神科醫生李醫生作證說他沒有處理過「睡眠性愛症」的病人。因為很少人患這個病，只是知道他的同事有處理兩宗類似的案件，Tommy 在事發時可能沒有患了「睡眠性愛症」，因為這都只是 Tommy 的說法。

金大狀盤問李醫生。

金：你確認「睡眠性愛症」是存在的。

李：是。

金：事發時他們的眼睛是張開的。

李：通常都是張開的。

Tommy 選擇作供說事發時什麼也不知道，而女朋友阿玲有向 Tommy 提及 Tommy 曾在睡覺時非禮阿玲，所以 Tommy 覺得自己有

問題。當 X 質問他的時候，他覺得應該是做了錯事，所以向 X 說了對不起。

主控盤問 Tommy。

主：X 質問你的時候，為什麼不問 X 發生了什麼事？

T：啊，我相信是做了一些非禮的事，所以沒有問她。

主：為什麼你沒有問清楚是發生了什麼事便道歉？

T：啊，我覺得應該是我做錯了，所以沒有問。

主：你沒有問清楚，因為你非禮 X 的時候，你是知道的。

T：不同意。

主：你是什麼時候才第一次去看你的精神科醫生王醫生？

T：八月（三個月前）。

主：那麼事發前（四個月前），為什麼你沒有去看醫生？

T：我不知道要看醫生。

主：你是為了這單案件才假裝有病，去看醫生。

T：不是。

金大狀傳召 Tommy 的女朋友阿玲作供，說 Tommy 以前也有在睡覺時非禮她，而且比較粗暴，不像平時的 Tommy。

主控盤問阿玲。

主：你怎麼知道 Tommy 非禮你時是睡著還是清醒？

玲：因為他正在睡覺的。

主：為什麼你不叫他去看醫生？

玲：不知道要看醫生。

主：事發時你不在場，對嗎？

玲：對。

主：你是不知道事發時 Tommy 是否清醒的，同意嗎？

玲：我相信 Tommy 當時是不清醒的。

金大狀傳召王醫生作供，說出有「睡眠性愛症」。而 Tommy 好有可能在事發時患了「睡眠性愛症」，所以他自己並不知道發生了什麼事。

主控盤問王醫生。

主：他是在八月才第一次找你。

王：是。

主：你的判斷只是依賴 Tommy 對你講的說話。

王：不是，我也有見過 Tommy 的女朋友阿玲，及看過本案的文件。

主：理論上，一個被告可以在非禮人之後，假裝有「睡眠性愛症」，你同意嗎？

王：也有可能，但我相信 Tommy 很有可能在事發時是患了「睡眠性愛症」。

主控作出結案陳詞說 Tommy 在事發時是清醒的。

金大狀作出結案陳詞說 Tommy 在事發時是患了「睡眠性愛症」，所以並不知道發生了什麼事。

裁判官作出裁決：……X 質問被告時，他沒有詢問發生了什麼事，便立即道歉，足以證明他是知道發生了什麼事，他在事發時是清醒的……精神科醫生王醫生在事發後才第一次見到被告……他的意見全部是依賴被告自話自說的講法，本席不接納被告有可能在事發時患了「睡眠性愛症」，並不清醒的說法……本席裁定被告非禮罪名成立。

Tommy 被裁定罪名成立，判囚五個月，非常沮喪，決定作出上訴。

法律小知識

第 227 章《裁判官條例》第 114 條在上訴獲登記前根據第 113 條提出上訴的程序

在上訴獲登記前根據第 113 條提出上訴的程序

凡任何人根據第 113 條獲授權向法官提出上訴，則以下條文適用——

(a) 上訴人須在其定罪日期或裁判官作出命令或裁定後的 14 天內，或裁判官或法官應按照第 114A 條提出的申請而命令延長的期限內，就其上訴一事向裁判官書記發出通知書，述明上訴的概括理由，並由其本人或其代理人代他簽署，而裁判官書記須隨即給予答辯人一份通知書的副本。如律政司司長並非答辯人，亦須給予律政司司長一份通知書的副本；(見表格 101、102)

(b) 上訴通知書發給裁判官書記後，作出上訴通知書所指的定罪、命令或裁定的裁判官，須擬備一份經其簽署的陳述書，述明他對有關事實的裁斷及其決定的其他理由，並須在獲發給上訴通知書後的 15 天內，安排將一份陳述書送達上訴人及答辯人。如律政司司長並非答辯人，亦須將一份陳述書送達律政司司長。

2.
春夢「睡眠性愛症」（下集）

上文提到 X 告 Tommy 非禮，因為 Tommy 在 X 睡覺時摸 X 的腰、臀部和私處，X 醒來看見 Tommy 是張開眼睛的，裁判官不接納 Tommy 在案發時是「睡眠性愛症」發作，裁定 Tommy 在事發時是清醒的，所以罪名成立，並判囚五個月。Tommy 非常沮喪，決定上訴。

金大狀為 Tommy 提出上訴，在原訟庭作出上訴陳詞。

金：原審裁判官錯誤地不接納被告的證供，因為他在事前已經由女朋友阿玲口中知道了自己在睡眠時會不自覺地非禮阿玲，所以在 X 質問 Tommy 的時候，Tommy 沒有問詳情，便向 X 道歉，被告的證供沒有不妥之處⋯⋯而 Tommy 的女朋友阿玲是知道 Tommy 在睡眠時有非禮阿玲的奇怪舉動，所以出來為 Tommy 作供，並不是因

為是 Tommy 的女朋友，便作假證供幫助 Tommy……所以定罪並不安全及不穩妥，請法庭裁定上訴成功，撤銷控罪。

主控官作出回應：裁判官聽了證供，有權不接納被告 Tommy 的證供，……阿玲是被告的女朋友，所以說謊幫助被告……裁判官有權不接納他們的證供……定罪並無不妥。請法庭駁回上訴。

法庭作出裁決：裁判官說被告沒有詢問 X 為何責罵他，便向 X 道歉，所以被告是知道發生了什麼事，在事發時他是清醒的，因而裁定被告說謊……本席認為被告的說法和他有「睡眠性愛症」的說法是吻合的，而他的女朋友阿玲之前已經告訴他有在睡眠時非禮阿玲的行為，所以被告沒有詢問 X 發生了什麼事便向 X 道歉，實在不足為奇……更重要的是被告當時喝了酒，他大可以藉詞喝了酒，所以在不知情之下非禮 X，而被告由始至終都沒有說因為喝了酒而在不知情之下犯了事，可以證明被告極有可能是說真話……裁判官說阿玲是被告的女朋友，所以因協助被告而說謊話，本席認為這實在是值得商榷……。阿玲身為被告的女朋友，知道被告曾經非禮其他女士，應該是非常憤怒，甚至有可能離開被告，但是阿玲非但沒有離開被告，反而為被告作供，本席也被阿玲的行為所感動，認為阿玲極有可能說真話……本席裁定被告及阿玲極有可能說真話……被告上訴得直，控罪撤銷。

金大狀的徒弟慧慧在庭外問金大狀。

慧：這樣的判決會否鼓勵其他人用同樣的藉口去犯案呢？

金：哈哈，我相信機會很微。首先雖然可以張開眼睛非禮人，但要之前及之後扮睡覺，另外要找一個女朋友為你作供，要找精神科醫生去為你作供。誰人會這麼無聊，準備以上的一切，又可以找

到合適的機會去非禮其他人呢？若果真的有這樣奇怪的人，準備這麼多的事情，之後在清醒的情況下非禮人，我們到時看他是否可以逃出法網吧？

慧：明白。

法律小知識

第 200 章《刑事罪行條例》第 122 條猥褻侵犯

(1) 除第 (3) 款另有規定外，任何人猥褻侵犯另一人，即屬犯罪，一經循公訴程序定罪，可處監禁 10 年。

(2) 年齡在 16 歲以下的人，在法律上是不能給予同意，使某項作為不構成本條所指的侵犯的。

(3) 任何人如與或基於合理理由而相信他或她與另一人為已婚夫婦，則不會因第 (2) 款的規定而犯猥褻侵犯該另一人的罪行。

(4) 屬精神上無行為能力的人的女子在法律上是不能給予同意，使某項作為不構成本條所指的侵犯的，但任何人只會在知道或有理由懷疑她是精神上無行為能力的人的情況下，方可因她無能力同意而被視為犯猥褻侵犯精神上無行為能力的人的罪行。

3.
「芮咪 & 紗奈」公仔

　　在新蒲崗的一間工廠大廈，有一間規模頗大的公司（A 公司），佔地約三千平方呎，售賣玩具及兒童用品，生意不錯，其中一款「BANDAI」公仔（即「芮咪 & 紗奈」公仔）頗受歡迎，因為手腳會郁動，並且可以替公仔梳頭、換衣服等等。

　　有一天，有兩名顧客買了一個 BANDAI 公仔，跟著表露身份，原來是海關人員，懷疑職員朱小姐售賣冒牌的 BANDAI 公仔，並在貨倉內檢獲三十個懷疑冒牌的 BANDAI 公仔，後來控告朱小姐及兩名董事易先生夫婦及 A 公司售賣冒牌貨物及藏有冒牌貨物作販賣用途！

　　易先生找黃律師協助。黃律師轉聘金大狀幫忙答辯。

　　金：你們打算認罪還是不認罪？

　　易：不認罪。通常刑罰是什麼？

金：一個公仔，可能是罰款，三十個公仔，有可能是緩刑、社會服務令，甚至坐監。

易：（雙眉緊鎖，非常擔心）那麼我更加不認罪了，我是無辜的。

金：有沒有做一些步驟去確定那些貨物是正貨？

易：有的。

金：好吧，我們準備一下答辯吧。

在審訊當天，控方傳召一名海關人員（甲）說他假扮顧客，買了一個懷疑是冒牌的 BANDAI 公仔。金大狀盤問證人。

金：這間公司並不隱蔽，你很容易便找到這間公司。

甲：對。

金：這間公司是打開門做生意的。

甲：是。

金：BANDAI 公仔是放在陳列架上顯眼的地方。

甲：是。

金：公司大約有三千呎。

甲：哦，我不知道。

金：請看這些相片，都是顯示公司內的範圍。

甲：哦，不肯定，相信是。

金：朱小姐說不知道是冒牌貨。

甲：同意。

金：易先生說不知道是冒牌貨。

甲：同意。

控方傳召 BANDAI 公仔製造商的專家證明有關的貨物是冒牌貨。金大狀盤問專家。

金：本案的公仔製作精美。

專：可以這樣說。

金：盒子印刷精美。

專：也不錯。

金：若是沒有正版公仔對比，又沒有受過訓練，是不能分辨出貨物是否冒牌，對嗎？

專：你可以這樣說。

易先生作供說他在網上購買 BANDAI 公仔，有問過是否正貨，在運送貨物的箱內有許可書，說明「華特迪士尼（中國）有限公司」許可供應商銷售「芮咪 & 紗奈」公仔。所以他相信有關的貨物是正版貨物。

主控官盤問易先生。

主：你在網上購買這些貨物。

易：是。

主：網上充滿謊言，你都信？

易：這個網站很有信用，說明不會容忍假貨，若是賣假貨，供應商會被除牌，況且之前我已有在這裏購買貨物，也沒有問題。

主：BANDAI 的公司是日本的公司，你知道嗎？

易：現在知道。

主：那許可書說是「迪士尼」發出的，並不是 BANDAI 公司發出的。

易：我相信「迪士尼」有權賣，而且公仔盒上印有很多迪士尼卡通公仔，令我相信是迪士尼的產品……

主：那張許可書只是在中國大陸有效，在香港無效。

金：反對這問題，因為若是在中國大陸有效，也足以令人相信貨物是正牌貨。

金大狀作出結案陳詞：易先生沒有案底，BANDAI 公仔公開地發售，易先生有詢問公仔是否正牌……請法官閣下裁定四名被告無罪釋放。

法官作出裁決：海關人員很容易便可以去到公司，公仔是放在貨架上的顯眼位置……本席接納易先生的證供，有可能是真的……本席裁定四名被告無罪釋放。

金大狀向易先生說：有關的冒牌公仔是要被充公的。

易：同意，另外兩個在貨架上被檢取的公仔，是正貨，是另一個牌子，但都是正貨，我也不要了。

金：是你的貨物，你是有權取回的，不如我們也取回這兩個公仔吧。若果你不要，可以送給我的姪女玩。

易：好的。

易先生夫婦非常感激金大狀幫他們洗脫罪名。幾日之後，金大狀收到一個果籃。兩個月之後，金大狀收到一個包裹，金大狀的秘書 Charlie 說，包裹很輕，拆開來一看，原來是兩個公仔。

法律小知識

第 362 章《商品說明條例》第 7 條與貨品的商品說明有關的罪行

(1) 除本條例條文另有規定外，任何人如有下列作為，即屬犯罪——

(a) 在營商過程或業務運作中——

    (i) 將虛假商品說明應用於任何貨品；或

    (ii) 供應或要約供應已應用虛假商品說明的貨品；或

(b) 管有任何已應用虛假商品說明的貨品作售賣或任何商業或製造用途。

(2) 任何人為供應而展示貨品或為供應而管有貨品，須當作要約供應該等貨品。

(3) 除本條例條文另有規定外，任何人處置或管有任何印模、印版、機器或其他儀器，以製造虛假商品說明或將虛假商品說明應用於貨品，則除非該人證明他行事時並無詐騙意圖，否則即屬犯罪。

第 362 章《商品說明條例》第 18 條罰則

(1) 任何人如犯第 4、5、7、7A、9、12、13E、13F、13G、13H 或 13I 條所訂罪行——

(a) 一經循公訴程序定罪，可處罰款 $500,000 及監禁 5 年；及

(b) 一經循簡易程序定罪，可處第 6 級罰款及監禁 2 年。

(1A) 任何人如犯第 16A(3) 條所訂罪行，可處第 2 級罰款及監禁 3 個月。

(2) 任何人如犯第 17 條所訂罪行，可處第 3 級罰款及監禁 1 年。

4.
Hello, how are you?

　　小花是一名年輕貌美的中國女子，有一天，她行經廣州三元里，有一名黑人向她說 "Hello, how are you?"，小花曾經接受大專程度的教育，英文也不錯，於是回答說："I am fine, thank you."。原來這名黑人叫 George（佐治），兩個人開始交談起來。之後佐治還聘請小花去外國帶貨辦返廣州，可以免費出國遊玩，小花非常開心。

　　幾個月後，小花乘搭飛機由馬來西亞飛抵香港國際機場，在入境大堂 A 綠色通道被海關人員截停，關員發現小花的行李箱內有暗格，打開之後發現藏有一點五公斤海洛英！當時的零售價約為一百三十六萬港元！小花非常驚慌！

　　關員拘捕及警誡小花。

　　在警誡之下，小花說：行李箱是一個叫做 George（佐治）的黑人「老細」的，他叫我帶一些貨辦，由馬來西亞帶返大陸，我沒有

檢查過行李箱，「老細」每月會給我三千五百元人民幣。我並不知道行李箱內是有毒品的。

海關在聽取律政司意見之後，決定起訴小花販運一點五公斤海洛英進入香港。

在審訊當天，小花由金大狀代表答辯，辯方同意控方的案情，以「同意案情」的方式呈堂，跟著小花上庭作供自辯。

小花上庭作供自辯：

我是有受過大專程度教育，在未替黑人佐治工作之前，我在一間安裝閉路電視的公司做行政工作，工作性質就像做管家婆一樣，有一天我行過廣州三元里，佐治對我說 "Hello, how are you?"，因為我識英文，所以我說 "I am fine, thank you."，之後大家傾談起來。後來也有用 QQ 聯絡，佐治說他是做衣物用品的生意，做得很大，佐治叫我去幫他手，我覺得原來的公司工作時間太長，又辛苦，佐治一直有叫我去幫手，後來他給我看另一個員工的護照，說可以飛來飛去，免費遊玩。

他說我不需要定時返工，只需要幫他出國帶貨物樣本返去國內做生意，工作好似 part-time 咁樣，一個月只需要做四、五日，其餘時間仲可以搵其他兼職，我願意幫佢工作因有得出國，就算唔係好似遊客咁四圍去睇名勝遊玩，都算係出過國，每個月嘅人工是三千五百元人民幣，佐治亦有畀錢我去申請護照。

我第一次出差是去印度，帶了一袋衣物嘅樣辦返去廣州，並沒有特別事情發生。

第二次出國就是今次去馬來西亞，去到馬來西亞都無人特別招呼我，平時都是在宿舍食飯、睡覺，今次和我接頭的是另外一個叫做 Brother 的黑人，在離開馬來西亞前，Brother 車我去一個叫做

Uncle 嘅人度，然後 Uncle 將貨辦放入行李喼裏面，並強行將我背包的私人物品都放埋入行李喼內，又拿走我的背包，之後到了香港，我真的不知道行李喼內有毒品。

主控盤問小花。

主：為什麼街上有人向你搭訕，你也會回應？

花：因為當時他很友善，笑得很開心，牙齒很白，而我也剛巧明白他的英文，於是我便答他 "I am fine, thank you."。

主：你有沒有去過佐治的公司？

花：有。

主：在什麼地方？

花：在三元里。

主：有幾大？

花：一間舖頭……

主：那並不是大生意，同意嗎？

花：噢……我不知道……佐治說他的生意很大。

主：你不覺得他在街上認識你便叫你幫手有問題嗎？

花：佐治有時會問下我生活如何，及關心我，所以我覺得他沒有問題。

主：為什麼佐治會派你去外國收貨辦呢？為什麼不以郵寄方式處理呢？

花：哦……我沒有特別留意啲細節，因為我相信佐治。

主：為什麼不覺得這種攞貨辦的方法可能有問題呢？

花：因為我唔需要出錢，又唔會有損失，所以我便照做囉。

主：你是在說謊，你是知道行李箱內是有毒品的。

花：我真的不知道，若果我知道我肯定不會做，嗚嗚嗚……（小

花跟著哭了出來）

主控官作出結案陳詞：……被告的證供並不可信，她說佐治叫她去攞貨辦，這是明顯的謊話，為什麼要她親自去攞貨辦呢？為什麼不用郵寄的方法呢？不是更加快捷妥當及省錢嗎？請各位陪審員裁定被告罪名成立。

金大狀為小花作出結案陳詞：……小花作供說出真相，佐治利用小花運毒，小花因為識一些英文，覺得佐治很友善而墮入陷阱。……控方並沒有直接證據去證明被告是知道行李唔有毒品……請各位陪審員將疑點利益歸於被告，判被告罪名不成立。

法官總結證據及引導陪審團作出裁決，之後陪審團退庭商議，一共商討了四個半小時，小花非常緊張，時間一分一秒的過去，好像經歷了十年那麼長！

陪審團最後有了裁決，法庭書記問首席陪審團：

問：你們是否已經有裁決？

答：有。

問：你們的裁決是否一致？

答：不是。

問：你們的裁決是什麼比例？

答：5 比 2。

問：你們的裁決是有罪還是無罪？

答：無罪。

小花聽到之後哭了出來，整個人都發軟，倒在地上還是繼續哭。

金大狀的學生 Sabrina 問金大狀：師傅，你覺得這樣的案件是否一定會無罪釋放呢？

金：是不會的，之前有類似的案件也有被定罪的，因為每宗案件的性質及案情不同，陪審團會分析案情，之後才作出裁決，而在本案之中，七個陪審員也有不同的想法，所以有 5 比 2 的裁決。

法律小知識

第 134 章《危險藥物條例》第 4 條危險藥物的販運

(1) 除根據及按照本條例，或根據及按照署長根據本條例而發出的許可證外，任何人不得為其本人或代表不論是否在香港的其他人士——

(a) 販運危險藥物；

(b) 提出販運危險藥物或提出販運他相信為危險藥物的物質；或

(c) 作出或提出作出任何作為，以準備販運或目的是販運危險藥物或他相信為危險藥物的物質。

(2) 不論危險藥物是否在香港，或將進口入香港，或是否被確定、據有或存在，第 (1) 款均適用。

(3) 任何人違反第 (1) 款的任何規定，即屬犯罪，可處以下罰則——

(a) 循公訴程序定罪後，可處罰款 $5,000,000 及終身監禁；及

(b) 循簡易程序定罪後，可處罰款 $500,000 及監禁 3 年。

(4) 本條不適用於——

(a) 在附表 1 第 II 部所指明的製劑；或

(b) 過境途中的危險藥物，而——

(i) 該危險藥物正從一個可合法出口該危險藥物的國家運往另一個可合法進口該危險藥物的國家的過境途中；及

(ii) 該危險藥物是從一個公約締約國出口，並附有一份有效的出口授權書或轉運證明書 (視屬何情況而定)。

5.
危險方法

　　小方是一名區議員助理，僱傭合約上訂明每月支薪七千元，但是其實小方每月只是收取四千元，當他被調查時，他說自己每月收四千元，其他是攤分給不能出數的職員。後來小方被控與該名區議員串謀行騙香港政府，以虛假文件（僱傭合約）虛假地誇大薪金為每月七千元，去欺騙政府。區議員並未被控，因為該名區議員並未作出任何承認，只是小方對上述的事項作出了口頭招認。

　　在審訊時，控方陳詞說：被告在僱傭合約上簽名，每月收取七千元，但是其實只是收取每月四千元，而被告簽的收據卻是七千元，所以收據是虛假的，用來欺騙政府的金錢……

　　在審訊時，代表小方的大律師作出陳詞說：被告並沒有欺騙政府，因為他確實收了每月七千元，其中三千元是攤分給其他人……

　　裁判官接納控方的說法。

官：被告簽的僱傭合約說明每月薪金為七千元，而他每月只是收取四千元，令香港政府每月多支付三千元給區議員，令到政府有所損失⋯⋯本席裁定罪名成立。

因為欺騙的時間歷時四年，所以小方被判入獄十八個月。

小方找金大狀幫忙上訴。

小：我真的是很無辜，除了我應得的月薪四千元之外，我一毫子也沒有落袋。

金：你收取的金錢和實際收到的金錢有分別，控方說你是利用虛假文件騙取每月三千元，那三千元是否落了區議員的袋中？還是另有用途？

小：我是用來支付給其他人，因為需要其他人幫忙，也需要付錢給他們。

金：這宗上訴有些難度，我盡量幫你試一試吧。

金大狀為小方作出上訴陳詞。

金：上訴人與區議員協議月薪七千元，他是有權每月去取七千元，收到七千元之後，他如何處理這七千元是他個人的事，而他亦有權處理這七千元，與詐騙無關⋯⋯他亦有可能辦事時需要找人幫忙，而需要支付給對方金錢，這些可能都不涉及刑事成份⋯⋯所以裁判官的推論並不是唯一的合理推論。

原訟庭的法官同意金大狀的陳詞，認為裁判官的推論並不是唯一的合理推論，定罪不安全及不穩妥，裁定上訴得直，撤銷控罪。

金大狀的徒弟 Polly 問金大狀。

P：僱傭合約好像有些虛假的地方，但是聽完師傅的陳詞之後，又覺得小方又可能真的是無辜，其實這張僱傭合約有沒有問題呢？

金：合約是沒有問題，小方也沒有不誠實，可是他處理金錢的方法容易引起他人誤會，是危險的處理方法。

法律小知識

串謀詐騙：兩個人或以上協議其中一個或以上的人去欺騙其他人，令其他人有金錢的損失便是串謀詐騙。

串謀詐騙，違反普通法並可根據香港法例第 200 章《刑事罪行條例》第 159C(6) 條予以懲處。

第 200 章《刑事罪行條例》第 159C(6) 條罰則

(6) 被裁定犯普通法中的串謀欺詐罪的人，可處監禁 14 年。

6.
危險門

　　李先生被控普通襲擊他的外父何先生,控罪指他和妻子正在辦離婚手續。有一天,何先生去李先生的家探望他的外孫女,亦即是李先生的女兒,李先生一聲不響便離開。後來何先生聽到門外有聲音,便開門察看。開門之後見到李先生。李先生大力推門撞到何先生的面上,跟著便離開。

　　李先生是一名老師,若被定罪,可能會影響他的職業,於是他連忙找金大狀幫忙。

　　金:你打算認罪或是不認罪?

　　李:我想不認罪。

　　金:你的答辯理由是什麼?

　　李:哦,我也不知道。

　　金:你是否有推門撞到你的外父?

李：我相信有。

金：你是否有心用門撞他的？

李：我是無心的。

在審訊當日，何先生作證，說出事情的經過。金大狀向何先生作出盤問。

金：事發當日，你有沒有和被告吵架？

何：沒有……

金：該道門是一道木門，對嗎？

何：對。

金：在事發後，你在地上看到你外孫女的一本書。

何：是。

金：事發時，被告是想將你外孫女的一本書還給你們，是嗎？

何：啊，這個我也不知道。

金：被告推門時其實是看不到你的，所以他是無心撞你的，是嗎？

何：啊，我也不知道。

金：你同意這個可能性嗎？

何：啊，同意，這有這個可能。

法庭作出裁決：……因為證人也同意被告可能是無心用門撞他，本席裁定被告無罪釋放。

金大狀在庭外對徒弟 Kelvin 說：有一些酒樓及寫字樓通往洗手間的木門都是看不透的，確是有一些危險，可能會撞到門後的人。最好是在門上貼上警告字句「小心，門後有人」。而在走廊上的木門最好在上面開一個窗口，可以看到另一邊的情況。

法律小知識

第 212 章《侵害人身罪條例》第 40 條普通襲擊

任何人因普通襲擊而被定罪，即屬犯可循簡易或公訴程序審訊的罪行，可處監禁 1 年。

7.
同意？再同意？

　　丁先生是一位知名人士，是李小姐的上司，丁先生喜歡講笑，和李小姐時常都有開玩笑，有一天，探員突然去到丁先生的辦公室拘捕丁先生，說他兩次非禮李小姐！

　　丁先生連忙找金大狀幫忙。

　　金：你打算認罪還是不認罪？

　　丁：不認罪。

　　金：控方指你在辦公室內對李小姐施以「鹹豬手」，一次捏臀及有一次掃背兩下，你有什麼答辯理由？

　　丁：我和她一向都是關係良好，有講有笑，估不到她居然說我非禮她！其實……

　　金：好吧，我們準備審訊吧。

　　在審訊當天，李小姐說丁先生有一次捏她的臀部，及有一次掃

她的背部兩下，所以是非禮她，金大狀作出盤問。

　　金：你認識丁先生已經兩年了，對嗎？

　　李：是。

　　金：在未發生事之前，你和被告的關係良好，有講有笑，對嗎？

　　李：你可以這樣說。

　　金：在被告捏臀之前，他的手放在你的肩膊上，你對他說你的「Pat Pat 很大」，是嗎？

　　李：是。其實我當時覺得尷尬，隨便找些話題，轉移視線。

　　金：之後你和被告一齊去餐廳喝咖啡，對嗎？

　　李：好像是。

　　金：你當時也沒有向他投訴，同意嗎？

　　李：同意，我不好意思向他投訴。

　　金：後來，你和他的關係一直至掃背事件之前都很好，是嗎？

　　李：應該是。

　　金：在掃背的那一天，天氣很熱，所以你穿了一條露背裙，是嗎？

　　李：是，但那也不代表他可以掃我的背。

　　金：你說他是在大約下午四時半掃背的。

　　李：是。

　　金：你當天是在下午六時放工。

　　李：是。

　　金：你當天並沒有因為掃背而向他投訴。

　　李：沒有，我不好意思向他投訴，後來我的閨蜜知道之後，她建議我報警。

　　金：你是什麼時候向你的閨蜜說的？

李：在被掃背的晚上八時。

丁先生選擇不作供。

金大狀傳召一名品格證人——何大狀。何大狀已經認識了丁先生十年，指被告是謙謙君子，被告夫婦還是其幼女的代父母。

金大狀作出結案陳詞：被告與李小姐關係良好⋯⋯在第一次事發前，李小姐說她的「Pat Pat 很大」，之後被告才捏臀，而李小姐並沒有投訴，還和被告一齊去喝咖啡，以整件事來看，控方不能排除被告相信李小姐是同意的這個可能性⋯⋯在掃背事件之前，李小姐與被告的關係良好，加上在第一次事件之後，李小姐也沒有投訴，李小姐當時穿了露背裙，丁先生在這個情形下掃了她的背兩下，之後李小姐也沒有立即投訴，控方亦不能排除被告當時相信李小姐同意她的行為這個可能性⋯⋯請法官閣下裁定兩項控罪都不成立。

法官接納了金大狀的陳詞，裁定丁先生兩項罪名不成立，當庭釋放。

丁：（滿面笑容）多謝金大狀。

金：你對我說你當時是開玩笑，相信李小姐也不介意才對李小姐做出這些動作，你亦覺得在外國這些行為是很平常不會被視為非禮，但是有些香港的女士是比較保守的，以後也不要這樣做了，知道嗎？

丁：知道了，以後我再也不敢了，君子不立危牆之下。

法律小知識

第 200 章《刑事罪行條例》第 122 條猥褻侵犯

(1) 除第 (3) 款另有規定外，任何人猥褻侵犯另一人，
即屬犯罪，一經循公訴程序定罪，可處監禁 10 年。

(2) 年齡在 16 歲以下的人，在法律上是不能給予同意，使某項
作為不構成本條所指的侵犯的。

(3) 任何人如與或基於合理理由而相信他或她與另一人為已婚夫
婦，則不會因第 (2) 款的規定而犯猥褻侵犯該另一人的罪行。

(4) 屬精神上無行為能力的人的女子在法律上是不能給予同意，
使某項作為不構成本條所指的侵犯的，但任何人只會在知道
或有理由懷疑她是精神上無行為能力的人的情況下，方可因
她無能力同意而被視為犯猥褻侵犯精神上無行為能力的人的
罪行。

8.
老馬有火

張律師打電話給金大狀。「有一宗案件，是熟人的爸爸被告『傷人 19』，想你為他答辯，可以嗎？」

金：他想認罪還是不認罪？

張：他們拿不定主意。

金：那麼叫他們來開會吧。

被告人王先生和他的女兒 Amy 去到金大狀在中環的寫字樓開會。王先生已經是七十歲，但是指控王先生的李先生更老，已經是七十六歲！控方案情指李先生在早上飲茶之後，在回家途中，有人向他怒目而視，更上前問他為什麼望著他，這人（後知為王先生）跟著雙手推向李先生，李先生跌在地上，王先生向李先生拳打腳踢，跟著逃去。一個星期後，李先生在認人行列中認出王先生。驗傷報告說李先生的左膝蓋有擦傷，左手肘有擦傷，頭皮有損傷，左手腕

有骨折。在被警誡之下，王先生承認有推過李先生。本來是告「毆打引致他人身體受傷」，後來控方認為傷勢嚴重，改控為「傷人19」！

Amy：請問可否和控方講數？叫控方撤銷「傷人19罪」，而我的爸爸認「毆打引致他人身體受傷」。

金：是可以嘗試的。

Amy：那麼請你幫我爸爸和律政司講數吧。

金：你爸爸是否同意控方的案情？因為案情頗為嚴重，認罪是有機會罰錢或者緩刑，但是也有機會入獄的。

Amy：噢，那麼可否不認罪？

金：我們問一問你的爸爸吧。

王：我是認識李先生的，以前他非常友善……但是最近這幾年他變得非常暴躁……時常和街坊吵架，他說有一次被一名女街坊打了一巴……這幾年他也有叫我和他打架，我都不理會他……在事發當天，他看到了我，對我怒目而視，他上前來問我為什麼望著他，並且出拳打我，我退到牆邊，他仍然繼續打我，所以我推開他，他繼續打我，他一拳打在牆上，跟著他失去了平衡，跌在地上，我便與太太離開（王先生因為年紀大，所以斷斷續續才能說出事情的經過）。

金：你太太目擊一切嗎？

王：她是看到的。

金：若是法庭接納你是因「自衛」而推開李先生，這是合法的。

過了一星期，王先生及女兒 Amy 再來開會。

金：是否要和控方講數？認較輕的控罪「毆打引致他人身體受

傷」？但是要自願同意案情，案情和傷勢都頗為嚴重，是有機會入獄的。

Amy：那麼爸爸不「講數」了，我們不認罪吧。

金：對，若果你爸爸說沒有打過他，只是「自衛」推了他一下，是不應該認罪的。你爸爸會作供嗎？

Amy：他年紀老邁，口齒不清，我恐怕他很難作供。

金：那麼叫你的媽媽作供吧，她是目擊證人。

Amy：好的。

在審訊當日，李先生作供說一個陌生人向他怒目而視，跟著打他（打李先生），然後李先生跌在地上，跟著這陌生人向他拳打腳踢，之後這陌生人逃去。後來在認人行列，認出了王先生。

金大狀向李先生作出盤問。

金：開始時，被告如何打你？

李：他用拳頭打我的臉。

金：是否大力？

李：吓……好大力，打到我好痛。

金：有沒有打你的胸口？

李：有。

金：是否大力？

李：是，好大力。打到我好痛。

金：跟著你跌到地上？

李：是的。

金：為什麼你的驗傷報告沒有說臉部有受傷？

李：啊……我也不知道。

金：為什麼你的驗傷報告沒有說胸口有受傷？

李：啊……我也不知道。

金：你的口供說最初被告只是把你推在地上，之後才打你，為什麼在法庭上你卻說在推倒在地上之前，他已經打你的臉及胸口？

李：啊……我也不知道。

金：你手腕的骨折是你自己跌在地上時撞裂的。

李：不是。

金：你的手肘有擦傷，是你自己跌在地上時擦傷的。

李：是他把我打傷的。

金：你的膝蓋是你自己跌在地上時擦傷的。

李：不是。

金：請看這張相片，你的所謂頭皮受傷，其實是左耳受傷，對嗎？

李：噢……對。

金：也是你自己跌在地上時擦傷的。

李：不是。

木醫生在作供時說他為李先生診斷並發現不同的傷勢，金大狀盤問木醫生。

金：李先生跌落地時，若是用左手腕撐著，是可能會令左手腕骨折的。

木：是。

金：他的骨折是輕微的骨裂，並不是斷裂。

木：對。

金：他的左手肘、左膝蓋及左耳的擦傷有可能是跌落地時擦傷的。

木：有可能。

王先生選擇不作供自辯，王太太作供說是李先生打王先生。王先生只是自衛推開李先生，李先生再打王先生時，自己失平衡跌低。

金大狀作出結案陳詞：李先生說被大力打臉部及胸口，但是臉部及胸口都沒有傷勢……李先生的傷勢都可能是跌在地上時候造成的……請法官閣下判王先生無罪釋放。

裁判官同意金大狀的陳詞並且說：本席留意到李先生扶著拐杖上庭，左邊行得不好，更加有可能向左跌倒……本席判被告無罪釋放。

Amy 及家人多謝金大狀，金大狀的徒弟 Jasmine 問金大狀。

J：師傅，為什麼老人家還這麼暴躁？

金：很奇怪，有些老人家年紀越大，越仁愛慈祥，有些老人反而變得暴躁，不知道是否因為腦力有變化，還是荷爾蒙分泌有問題而造成，有機會可以問一問老人科醫生，看他們是否知道答案。

法律小知識
第 212 章《侵害人身罪條例》第 39 條襲擊致造成身體傷害

任何人因襲擊他人致造成身體傷害而被定罪，即屬犯可循公訴程序審訊的罪行，可處監禁 3 年。

第 212 章《侵害人身罪條例》第 19 條傷人或對他人身體加以嚴重傷害

任何人非法及惡意傷害他人或對他人身體加以嚴重傷害，不論是否使用武器或器具，均屬犯可循公訴程序審訊的罪行，可處監禁 3 年。

9.
幸運彩虹

　　X 公司的陳經理負責在展覽中心安排一個書本展覽,為了吸引更多人參觀他的攤位,他在攤位之內設了一個「擲彩虹」遊戲,因為陳先生少年的時候去過「荔園」玩「擲彩虹」遊戲,贏了一個大公仔,非常開心,晚上整晚發夢,都是不斷重複贏公仔時的開心場面,直至今時今日還是念念不忘。

　　參加者需要登上 X 公司的社交網站專頁讚好,才可以換取代幣,之後用代幣擲向彩虹圖案,若果不擲界,便可以得到獎品。

　　一切進行順利,直至有一名女士換取了二十個代幣,並成功贏取了兩份獎品,當工作人員恭喜她時,她卻突然間出示警員委任證,說懷疑 X 公司「經營賭博場所」!

　　陳經理連忙找金大狀替 X 公司辯護。

　　陳:這只不過是遊戲,沒有涉及金錢,為什麼會告我的公司?

金：若果真的是賭博，雖然不涉及金錢，但是涉及獎品也是有問題的。

陳：既不是打麻將，也不是玩撲克牌，為什麼是賭博呢？

金：唔⋯⋯控方似乎是說「擲彩虹」遊戲是涉及運氣的玩意，所以是賭博⋯⋯好吧，我們準備一下吧。

審訊當天，控方傳召女警作供，說出當天的事情。金大狀跟著盤問女警。

金：你那天贏了兩份獎品，對嗎？

女：是。

金：你的眼界也不錯。

女：普通啦。

金：你若要贏獎品，要將代幣擲在彩虹的界內，對嗎？

女：對。

金：擲得太大力或者太細力，也是會輸的，同意嗎？

女：同意。

金：所以你要一些控制力度的技巧，才可以贏，對嗎？

女：對。

控方作出結案陳詞，X 公司沒有向「民政事務局」申請「推廣生意競賽牌照」，而舉辦了「擲彩虹」這個賭運氣的遊戲，所以是非法營辦賭場⋯⋯

金大狀作出結案陳詞：「擲彩虹」並非賭博，因為純粹是靠技術控制力度，將代幣擲在彩虹的界內，並不是靠運氣，並不是賭博，所以 X 公司沒有經營賭場⋯⋯請法官閣下裁定 X 公司罪名不成立。

裁判官作出裁決：賭博的定義是涉及運氣，即是不能由玩家控制的隨機因素……其實人生所有的事都會關乎運氣，運氣的定義有時會過於廣泛……現在本席以撲克遊戲及捉象棋遊戲兩個例子去釐定「擲彩虹」遊戲是否靠運氣。在撲克遊戲中，玩家所抽到的撲克牌，是有「不能由玩家控制的隨機因素」，故此撲克遊戲是由運氣結合技巧的遊戲，屬於賭博。而捉象棋是沒有「玩家不能控制的隨機因素」，所以不是賭博。在本案中「擲彩虹」遊戲並沒有「不能由玩家控制的隨機因素」，所以不是賭博……本席裁定 X 公司罪名不成立。

　　陳經理多謝金大狀。

　　金：以後小心點，最無辜是誤墮法網的人。

法律小知識

第 148 章《賭博條例》第 5 條非法賭場

任何人如於任何時候——

　　(a) 營辦賭場;

(b) 管理或以其他方式控制賭場;或

(c) 以任何身分直接或間接協助營辦、管理或以其他方式控制賭
　　場,即屬犯罪,可處以下刑罰——

　　(i) 循簡易程序定罪後,可處罰款 $5,000,000 及監禁 2 年;
　　　　或

　　(ii) 循公訴程序定罪後,可處罰款 $5,000,000 及監禁 7 年。

博彩 (gaming) 指進行任何博彩遊戲或參加任何博彩遊戲,以贏
得金錢或其他財產,不論任何進行該博彩遊戲的人是否有輸掉
任何金錢或其他財產的風險;

博彩遊戲 (game) 指碰機會取勝的博彩遊戲、憑機會結合技巧而
取勝的博彩遊戲、假裝碰機會取勝或假裝憑機會結合技巧而取
勝的博彩遊戲,及符合下述情況的任何博彩遊戲——

(a) 由博彩者其中一人或多人獨佔做莊家;或

(b) 該博彩遊戲並不給予所有博彩者同等有利的取勝機會,而博
　　彩者包括莊家、其他管理博彩遊戲的人或博彩者與其對博、
　　對賭或向其投注的其他人。

10.
拍沙

江仲有律師打電話給金大狀。

江：有一個客人是將會退休的公務員，他被警方告高買，說他在超級市場偷了三支洗頭水，恐怕影響他的退休金。你可以寫信去律政司，叫他們撤銷控訴嗎？我的客人胡先生願意自簽守行為。（這種方法適用於一些輕微的案件，例如，普通毆打、高買等等，控辯雙方在經過商討之後，控方可以決定撤銷控訴，而被告同意自願簽保守行為（一年至三年），金額通常由五百元至三千元（由裁判官決定年期及金額）。如果在簽保期間，被告沒有再犯事，被告便無需接受任何懲罰，亦沒有案底。若是在簽保期間再犯事，被告便要被罰有關的金額，而新的案件會作出另外的判刑。）

金：好吧，可以試一試。

胡先生及江律師與金大狀開會，之後金大狀寫信給律政司，提

議撤銷控訴，而胡先生願意簽保守行為，律政司有自己的一套「檢控守則」。經過考慮之後，並不接納金大狀的提議，決定繼續告胡先生。

江律師問金大狀：為什麼律政司不肯呢？

金：他們有一套「檢控守則」，每一單案件都有不同之處，他們會考慮所有因素之後，才作出決定。

江：那麼我的客人唯有不認罪，進行審訊了。

金：好的。

在審訊當天，外判主控呂大狀在庭上播出了事發時超級市場的閉路電視片段，顯示胡先生在貨架上拿了三支洗頭水（當時價錢牌寫著買二送一），放入他自己帶去的細拖喼，跟著在其他地方拿了一些其他貨物，在收銀處付了那些貨物的錢，而拖喼中的三支洗頭水則沒有付款，出門口時警鐘響起，被告被保安截停，返回超級市場之後，發覺喼內有三支洗頭水，沒有付款。

保安作供說：⋯⋯我截停被告，叫他返回店內，我檢查他的貨物，他只是給我一些已經付款的單據，沒有打開拖喼，後來我打開拖喼，發現了三支未付款的洗頭水⋯⋯

金大狀盤問保安。

金：當時被告與一名婆婆一齊離開超市，對嗎？

保：對。

金：被告問婆婆是否有貨物未付款，對嗎？

保：我不記得了。

金：被告沒有逃走。

保：同意。

金：被告向你說他一時大意，忘記付款。

保：是。

金：是被告自己打開拖喼，拿出三支洗頭水。

保：不是。

金：你知道超級市場有閉路電視嗎？

保：知道。

金：請你看閉路電視片段，是被告自己拿洗頭水出來的。

保：（在看完閉路電視片段之後）哦……是的。

金：你同意閉路電視片段所顯示的事實是準確的。

保：同意。

金：你剛才說是你將三支洗頭水由拖喼拿出來是記錯了。

保：是。

金：請你看另一個閉路電視片段，被告是在這個貨架拿了三支洗頭水，之後放入他的拖喼內。

保：是。

金：之後他大力將自己帶去的環保袋打在附近的貨物上。

保：同意。

金：引致一名超市職員來看看是什麼事。

保：對。

胡先生作供說事發當天有些感冒，食了一粒感冒藥，過了三個小時再食一粒，因為害怕感冒藥在家裏放了一些時間，會減少效用。之後太太叫他去超級市場買洗頭水，因為食了藥，精神恍惚，在貨架拿了三支洗頭水放入自己的拖喼內，跟著覺得自己帶去的環保袋內有沙，於是大力拍向附近的貨物，想拍走那些沙，引致一名超級

市場員工，來看看發生什麼事。在付款時，忘記了喼內有三支洗頭水……他沒有偷東西的意圖，只是忘記付款。跟著呂主控盤問胡先生。

呂：你為什麼帶拖喼去超級市場？

胡：我平時返工要用拖喼帶工具，所以我習慣了用拖喼購物。

呂：在被截停之後，你並沒有主動將洗頭水拿出來。

胡：我有主動拿出來。

呂：我們怎樣知道你是否自願拿出來呢？

金：我反對主控這樣問，因為閉路電視片段已經充份顯示被告是自己主動將三支洗頭水拿出來的……

呂：為什麼你要買三支洗頭水那麼多？

胡：因為是三送一。

呂：你拿那麼多支洗頭水，你不覺得重嗎？

胡：因為是三送一，價值比較便宜，而且我有拖喼，比較方便。

呂：你是有偷東西。

胡：沒有。

金大狀傳召李醫生作供。

李：被告在十年前已經是我的病人，他因工作關係患有抑鬱……在事發之後他來我的診所說食了感冒藥，所以忘記付款，而這種感冒藥，是會令人心神恍惚，思想混亂……

呂主控盤問李醫生。

呂：你當時不在現場。

李：同意。

呂：你不知道他是否想偷東西。

李：我不知道，但我相信他是服了感冒藥所以思想混亂，忘記付款。

金大狀傳召胡太作供，胡太非常斯文有禮貌。

胡太：……事發當天家裏的洗頭水已經用完，所以我叫他去買洗頭水……

呂主控盤問胡太。

呂：你有叫他買幾多支洗頭水嗎？

胡太：沒有。

金大狀作出結案陳詞：被告沒有案底……他食了感冒藥所以思想混亂，一時忘記付款……很明顯洗頭水是買二送一，但有時他在作供時也說成是買三送一，證明他是很容易便將事情搞亂……請法官閣下裁定被告罪名不成立。

法官同意金大狀的說法：被告被截停後沒有逃走，向保安說忘記付款……被告在貨架附近大力用環保袋拍向貨物，引致店員來看，這都是可以協助被告證明他當時無心偷東西……本席裁定被告無罪釋放。

胡先生多謝金大狀，胡先生終於可以安心退休及得到退休金了。

法律小知識
第 210 章《盜竊罪條例》第 9 條盜竊罪
任何人犯盜竊罪，即屬犯罪，循公訴程序定罪後，可處監禁 10 年。

11.
明智之舉

朱律師和金大狀去荔枝角收押所見被告人阿尖。

朱：阿尖你好，今日我和金大狀會向你解釋你的控罪和案情。

尖：阿 T 叫我幫他駕駛他的車去接他，我不知那架車是失車。

金：好的，首先我要解釋給你聽你現在所面對的三項控罪。

第一項控罪：第 210 章《盜竊罪條例》第 24 條處理贓物罪

第二項控罪：於取消駕駛資格期間駕駛汽車，第 374 章，第 44(1)(b) 條《道路交通條例》

第三項控罪：駕駛時沒有第三者風險保險，第 272 章，第 4(1) 條《汽車保險 (第三者風險) 條例》

尖：金大狀，我明白。我認第二條和第三條控罪，但我不承認第一條控罪。

金：那麼我現在解釋第一條控罪給你聽，而且我還有一些問題要問你。

尖：好的。

金：案情指你於二零二二年二月二十八日把一架車牌為 TU XXXX 的寶馬房車由旺角豉油街駕駛到旺角山東街。

尖：有個朋友叫我幫他把車由旺角豉油街駕駛到旺角山東街。他說會給我港幣兩千元作為報酬。我認為報酬非常吸引，所以便答應了他。

金：你和那個朋友很熟嗎？

尖：不熟。

金：那麼你是怎樣認識你那位朋友？

尖：……呀……（猶豫了一會，吞吞吐吐地說）是我之前在戒毒所認識的，我早兩個月才從戒毒所放出來，在旺角先達中心門口撞見他。他問我可不可以幫他把車由旺角豉油街駕駛到旺角山東街，他說事成之後會給我港幣兩千元作為報酬。

金：你有沒有問他為什麼要這樣做？

尖：沒有。

金：你不覺得這件事很奇怪嗎？你的朋友叫你在半夜幫他把車由旺角豉油街駛到旺角山東街。然後給你港幣兩千元再報酬。路程這麼短，就算搭的士都不用這個價錢吧。

尖：……啊……（開始很細聲）我當時沒有想這個問題。

金：你說你和你的朋友不熟，那麼你有沒有他的手提電話號碼？

尖：（細聲回答）沒有。

金：那麼你揸車去找他的時候，你怎樣聯絡他？

尖：……（想了差不多兩分鐘）因為一早約好了，所以沒有要他的電話號碼。

金：你怎樣幫他取車？

尖：他當時把車匙交了給我，然後告訴我那架車泊了在我家屋企樓下後街，他還告訴我是一架黑色的寶馬房車。

金：你有沒有問他車牌號碼？

尖：……（又想了一分鐘）沒有，因為那裏只得一架黑色車。

金：你朋友是哪個時候請你幫他的？

尖：就是我被捕的那天下午。

金：你那天下午就已經知道那條街只有一架黑色車？

尖：……（很細聲回答）真的就只有一架黑色車。

金：如果有多過一部黑色車，你又沒有他電話號碼，那麼怎樣好？

尖：……呀……（沒有回答！）

金：你是否記得當時他給你的車匙是怎樣的？

尖：記得。

金：（拿出由警方提供的相片給尖看）是不是這條車匙？

尖：是，我認得就是這條車匙。

金：這條是平治的車匙，你朋友叫你幫他駕駛的是一架寶馬汽車，你不覺得奇怪嗎？

尖：……呀……呀……（啞口無言）

金：（繼續拿出由警方提供的相片給尖看）你看看這架車的車匙位置已經被嚴重撬爛，你當時沒有發現嗎？

尖：……我見到……但不關我事，不是我弄壞的。

金：車匙和車本身的牌子不一樣，再加上車匙位置被嚴重破壞，你不覺得有問題嗎？

尖：……（沒有回應！）

金：為什麼你朋友叫你把車駛去給他？他自己正在做什麼？

尖：初時不知道，後來我被捕的時候才知道原來他正在爆竊。

金：你說他請你把他的車駛去給他，你見到他之後你有沒有落車？

尖：……（頭垂低了，沒有再正視金大狀）

金：（繼續拿出由警方提供的閉路電視節錄相片給尖看）相片中清楚見到你朋友拉開乘客座位門上車，而你並未有落車，或有把車交給他的跡象。似乎你是去接他走，並不是你所說的把車駛給他。

尖：……（繼續垂頭不搭話）

金：車的車匙位置嚴重損毀，你都繼續把車駕駛，你沒有懷疑嗎？

尖：……（繼續垂頭不搭話）

金：法庭是會看所有環境證供的，並不是你說不知道那車是被盜竊的贓物你便會無罪。你所說的口供實在有太多疑點和不合理的地方，很難令人相信你不知道那架車是被盜取的。例如：

1. 你和你的朋友的對話中從來沒有提及車的車牌號碼；

2. 你說你和你的朋友不熟而且沒有他的電話號碼，但你又會幫他把車由旺角鼓油街駕駛到旺角山東街；

3. 你說你是把車駕駛去給他，但從閉路電視攝錄的影像中清楚看到你是去接他而不是落車把車交給他；

4. 車匙和車的品牌不一樣；

5. 車匙位置被嚴重損毀，你仍然把車駕駛走；

6. 你在警察的口供裏並沒有提及你朋友會給你港幣兩千元的報酬。警察有問過你有沒有報酬，你當時的口供是回答沒有報酬，你只是幫朋友……

尖：金大狀，知道了，不用說了，我認罪了，我三條控罪都承認，請你幫我向法庭求情盡量判刑短一些吧。

金：好吧，那麼我現在問你一些背景資料，好讓我為你準備求情的陳辭。另外，你也可以自己寫一封求情信然後寄給朱律師。你有沒有朱律師的律師事務所公司地址？

尖：沒有。

金：朱律師現在寫詳細地址給你。

荔枝角收押所限時一小時的會面結束。

朱：我沒有想過他會突然認罪。

金：他其實很聰明，我和他討論之後，他意識到自己是跑不掉的，所以認罪是明智之舉。

法律小知識

第一項控罪：第 210 章《盜竊罪條例》第 24 條處理
贓物罪

(1) 任何人如 (在偷竊過程中除外) 知道或相信某些貨品
是贓物而不誠實地收受該貨品，或不誠實地從事或協助另一
人或為另一人的利益而將該貨品保留、搬遷、處置或變現，
或作出如此安排，即屬處理贓物。

(2) 任何人處理贓物，即屬犯罪，循公訴程序定罪後，可處監禁
14 年。

第二項控罪：於取消駕駛資格期間駕駛汽車第 374 章，第 44(1)
(b) 條《道路交通條例》
初犯者最高可被處罰款港幣 10,000 元、監禁 12 個月及取消
駕駛資格 12 個月。再犯者的駕駛資格會被取消至少 3 年。

第三項控罪：駕駛時沒有第三者風險保險第 272 章，第 4(1) 條
《汽車保險 (第三者風險) 條例》
法庭須命令駕駛人的駕駛資格被取消 1 年至 3 年。
在刑事案件中，在排期審訊之前認罪是可以獲得三分之一的刑
期扣期。例如：原本會被判 12 個月，減了三分之一，就會變成
8 個月，如果在獄中行為良好，再有約三分之一的扣減。

12.
咬人變打人

　　才先生叫姑姐帶他的秋田犬出街散步，後來接到姑姐的電話，說他的秋田犬咬傷了途人。才先生到現場了解情況，見到姑姐在不斷地哭，有兩名警員 A 及 B 在不斷追問姑姐……後來才先生被告襲擊警員 A！才先生連忙找金大狀幫他辯護。

　　金：你打算認罪還是不認罪？

　　才：不認罪。

　　金：你的答辯理由是什麼？

　　才：我沒有襲擊警員，我只是叫他調低說話的聲音。

　　金：那麼我們準備審訊吧。

　　在審訊當天，控方傳召警員 A 作供。

　　A：我當天去到現場調查一宗狗咬人事件，見到投訴人及一名帶著狗的中年女士，我問女士誰是狗隻的主人，及問女士她的個人資

料，但是這名女士只是一直在哭，後來女士打電話找人，跟著將電話交給我聽，電話內的人很兇，一直在罵我，後來這人來到現場，還是很兇，一直大聲罵我，跟著以右手拍打我的左胸……後來警員B以襲警罪名拘捕被告。

金大狀盤問警員A。

金：被告如何拍打你？由上而下拍打，還是向前推你？

A：由上而下拍打我的左胸。

金：拍打之前被告有沒有說話？

A：他叫我收聲。

金：你有什麼反應？

A：我問他為什麼打我？

金：警員B有什麼反應？

A：無反應。

金：事發時在下午五時，對嗎？

A：對。

金：事發地點是鬧市，對嗎？

A：對。

金：當時有途人見到事發經過，同意嗎？

A：同意。

金：有一名五十多歲的男途人在觀看，對嗎？

A：應該是。

金：你們叫男途人離開，是嗎？

A：是。

金：為什麼你們叫男途人離開呢？

Ａ：因為不想太多人聚集。

金：為什麼不叫男途人做證人呢？

Ａ：沒想過。

金：你叫男途人離開因為你知道被告根本沒有打過你。

Ａ：不同意。

金：我向你指出你當時大聲喝罵在場的女士，叫她拿身份證給你。

Ａ：不同意。

金：這位女士不斷地哭，你就不斷地罵她。

Ａ：沒有。

金：被告到來之後，用手示意你調低聲量，他當時是用右手，手背向天，手掌向下，由上而下重複移動。

Ａ：沒有。

金：你反而更大聲說你的工作是需要大聲說話的。

Ａ：沒有。

金：被告說你非常沒有禮貌，他會投訴你。

Ａ：不是。

金：跟著你便說他襲警。

Ａ：對，他有襲警。

金：被告從來沒有拍打你的胸口。

Ａ：他有。

Ｂ警員作供，也說才先生有拍Ａ的胸口。金大狀作出盤問。

金：警員Ａ當時是否很大聲說話？

Ｂ：普通聲量。

金：被告有沒有叫警員 A 不要太大聲？

B：沒有。

金：警員 A 有沒有責罵在現場的那位女士？

B：沒有。

金：警員 A 有沒有不禮貌地對待那位女士？

B：沒有。

金：警員 A 有沒有不禮貌地對待被告？

B：沒有。

金：被告怎樣拍打 A 的胸口，是否向前推？

B：是。

金：被告在推警員 A 之前，有否說什麼？

B：沒有。

金：在被告推警員 A 之後，你有什麼反應？

B：沒有反應。

金：被告從來沒有打 A 的胸口？

B：不同意。

才先生選擇不作供，金大狀作出結案陳詞：警員 A 及 B 的口供並不吻合……若果被告真的有打警員 A，警員 B 應該會喝止，而不是完全沒有反應……若果真的有襲警，警察應該叫在場觀看的五十多歲男途人留下做證人而不是叫他離開……控方呈遞的醫療報告說警員 A 的胸口有「觸痛」，這只不過是主觀的感覺，不能作為佐證……請法庭裁定被告罪名不成立。

裁判官接納金大狀的陳詞，裁定罪名不成立。才先生無罪釋放。

金大狀的徒弟 Tina 在法庭外問金大狀。

T：為什麼一宗狗咬人事件會變成一宗襲警案呢？

金：很明顯當時有人很衝動，所以小事變大事。

T：是誰人衝動呢？

金：哈哈，你現在還不知道嗎？

T：哦……我知道了。

法律小知識

第 232 章《警隊條例》第 63 條對執行職責的警務人員襲擊等或以虛假資料誤導警務人員的罰則

任何人襲擊或抗拒執行職責的警務人員，或協助或煽惑任何人如此襲擊或抗拒，或在被要求協助該執行職責的人員時拒絕協助，或意圖妨礙或拖延達到公正的目的而提供虛假資料，以蓄意誤導或企圖誤導警務人員，循簡易程序定罪後，可處罰款 $5,000 及監禁 6 個月。

第 212 章《侵害人身罪條例》第 36 條意圖犯罪而襲擊或襲警等任何人——
(a) 意圖犯可逮捕的罪行而襲擊他人；或
(b) 襲擊、抗拒或故意阻撓在正當執行職務的任何警務人員或在協助該警務人員的人；或
(c) 意圖抗拒或防止自己或其他人由於任何罪行受到合法拘捕或扣留而襲擊他人，即屬犯可循簡易或公訴程序審訊的罪行，可處監禁 2 年。

13.
真假結婚

洪：我有一位親戚被告假結婚，你可否幫助她？

金大狀：是要找一名律師轉聘我的，請你打電話給甘律師商量吧。

洪與小英及甘律師去到金大狀在中環都爹利街的辦公室。

金：控方有什麼證據？

甘：控方依賴一份被告人李小英（一名大陸居民）的警誡口供，裏面承認與一名香港男子假結婚，意圖瞞騙香港入境事務處，在香港取得居留權。

金：還有沒有其他證據？

甘：沒有了。

金：李小姐，警誡口供是否你自願講的？及自願簽的？

英：不是，內容不是我說的……（跟著說出詳情）

金：好吧，那麼我們打案中案，反對警誡口供呈堂吧。

在審訊當天，金大狀呈遞了一份「案中案反對理由」。

1. 有一名姓王的男職員（下稱「王先生」），説有人投訴被告和 xxx 假結婚，被告説她和 xxx 在大陸真結婚，後來時常吵架，所以失去聯絡。

2. 跟著女職員及張小姐在口供紙上寫低一些字，她是睇一個文件夾內的文件，然後將一些資料抄寫在口供紙上，她亦叫被告寫一些字在口供紙上。被告只是跟她意思寫的。口供的內容並不是被告所説的。

3. 當時還有另外兩個男職員，一個是戴眼鏡，大約二十至三十歲，約一點七米高，中等身材，短髮，圓面（下稱「甲職員」）。另外一個叫阿祥的男職員，約三十歲，一點八米高，無戴眼鏡，短髮，高瘦（下稱「阿祥」）。

4. 在張小姐抄寫資料時，甲職員與張小姐有商量如何寫，而甲職員有説，「要問阿 sir」，之後甲職員攞住口供紙行出房，之後返來，教張小姐如何寫，這樣攞口供紙出去大約三至四次。被告完全沒有説是有假結婚。

控方傳召張小姐作供。

張：我有警誡被告……我把她的答案紀錄下來，之後每一段都有立即叫她簽名……所有的答案都是被告自願提供的。

金：在第 7 條問題你問被告的婚姻狀況，對嗎？

張：對。

金：答案 7 是被告的答案？

張：是。

金：被告是一次過答這個答案？

張：是。

金：期間有沒有補充的問題？

張：沒有。

金：答案 7 包含很多資料，例如日期、人物等等，是嗎？

張：是。

金：這是你們紀律部隊的記事方法，不是被告所說的。

張：不同意。

當時的問 (7) 及答 (7) 如下：

問 (7)：請你講下你嘅婚姻背景？

答 (7)：我結過兩次婚。第一次係同個香港男人結婚嘅，佢叫
xxx，但我同佢係無感情基礎嘅，我哋段婚姻關係係假
嘅。我同佢係 X 年 X 月結婚嘅，不過喺 X 年已經離咗婚。
而第二段婚姻係同一個大陸男人結嘅，佢叫 yyy，我哋
喺 X 年 X 月結婚嘅，而佢都係我嘅前男友。

金：在落口供的答問中還有其他男職員協助你，對嗎？

張：不對，只有我一個。

金：（向張小姐指出「案中案反對理由」的每一項）對嗎？

張：不同意。

被告在認人手續中認出了甲職員及阿祥，金大狀盤問他們。

金：你是否有時會戴眼鏡？

甲：是。

金：你的外形是約二十至三十歲，一點七米高，中等身材，短
髮圓面，同意嗎？

甲：同意。

金：你的筆記簿是用來紀錄你每天有做的工作，對嗎？

金：為什麼你的筆記簿完全沒有當天的工作紀錄呢？

甲：啊……呀……我當天是在做文件，所以無紀錄。

金：什麼文件？

甲：啊……記不起。

金：哪單案件的文件？

甲：呀……不知道。

金：其實當天你是在會見室內協助張小姐寫警誡口供，對嗎？

甲：不同意。

之後阿祥作供，金大狀也作出類似的盤問。

李小姐選擇不作供，金大狀作出結案陳詞，指出案中的疑點。

處理案件的裁判官，明察秋毫，作出詳盡的裁決：本席考慮過本案的案情，及辯方大律師的陳詞……答案 7 很明顯並不是被告所講的。當一個人被問及婚姻狀況時，通常都是答「已婚」、「未婚」或者「離婚」，不會長篇大論去作出一個如此詳細的答案……張小姐說甲職員及阿祥並不在會面室內，而被告也沒有見過甲職員及阿祥，但是在「案中案反對理由」中，辯方卻能詳細地說出甲職員及阿祥的外形，證明當天被告是應該見過他們，張小姐、甲職員及阿祥的證供都有很多的疑點……本席裁定警誡口供不能呈堂。

控方沒有其他證據，李小姐被判無罪釋放。

李小姐非常多謝金大狀，但是因為疫情關係，不能一齊食慶功宴，只好送一個果籃去金大狀的大律師樓，及送一個果籃去甘律師的律師樓，聊表謝意。

法律小知識

控方可以依賴一名被告在警誡口供內的招認去控告被告，並可能因此而將被告定罪，但是警誡口供一定是被告自願作出的。以前很多時都會迫打招認，現在情況比較好一些，但也有一些不妥當及濫用的情況，控方一定要證明口供是自願提供的，才能將警誡口供呈堂為證物。

辯方需要指出口供不是自願提供的，有以下的所有或任何一個情況，口供便不能呈堂去指控被告。

1. 打（直接打被告）

2. 嚇（例如恐嚇不認便沒有擔保，不認連你的家人也控告）

3. 氹（例如你認了就可離開，其實事情跟你無關）

4. 程序不正確（例如沒有警誡被告）

5. 警誡口供內容不正確（例如內容並不是被告講的）

14.
迷姦

黃律師打電話給金大狀。

黃：金大狀，我有一名當事人被警察拘捕，說懷疑她恐嚇勒索及盜竊。她堅稱是無辜的，可以找你開會嗎？

金：好的。

當事人 Amy 貌美如花，將事情經過告訴金大狀。原來 Amy 在一個派對中認識了何先生，之後有一些微信的聯絡。有一天何先生約 Amy 去他的家裏開派對，Amy 帶了一位女性朋友 Nina 一起去，而何先生也叫了司機 Ricky 一起喝酒。

Amy 喝了酒之後，覺得渾身乏力，被何先生強姦了，而 Ricky 則在客廳纏著 Nina 飲酒。

何先生在迷姦 Amy 時，不斷說會照顧 Amy 及買下 Amy 的一層樓，讓她不要供樓供得太辛苦。Amy 相信了何先生，所以跟著的一

天便帶著行李去何先生的家中住了四天，但是 Amy 發現何先生沒有誠意幫她，並且說自己有很多女朋友，不會將 Amy 當做女朋友，所以 Amy 便帶著行李離開了何先生。

後來何先生找 Amy 說不見了一隻價值一百二十萬元的手錶。Amy 要何先生簽一份合約，每月會給 Amy 五萬元及買下 Amy 的一層樓。

Amy 再去何先生家中要何先生簽合約時，被在埋伏的警員拘捕，懷疑她恐嚇勒索，偷了一隻錶及藏有毒品（因為在 Amy 身上找到兩粒毒品（K 仔）），跟著警員在何先生的洗手間內找到何先生報稱被偷的手錶。

A：我並沒有恐嚇勒索，是他同意照顧我的，我怕他反口，所以要他簽一份合約確實。我沒有偷他的手錶，因為我一時氣憤，嬲他不承認我做他的女朋友，所以將手錶收在他的洗手間內，至於在我身上搜到的兩粒藥丸，是何先生給我的止頭暈藥，我並不知道是毒品「K 仔」。我食了兩粒，還有兩粒放在手袋中。

金：那麼他是否有迷姦你？

A：有，當時我是不願意的。

金：好吧，我替你寫信通知警方你的案情吧。

金大狀寫信通知警方 Amy 被迷姦及沒有恐嚇勒索，沒有偷手錶，及不知道是毒品的理由，亦有和 Amy 再去警署協助調查。

過了幾個月，警方沒有告何先生強姦，沒有告 Amy 恐嚇勒索，沒有告 Amy 偷手錶，但是控告了 Amy 藏毒及誤導警員。

金：原來你去了醫院驗身，並告訴警員在中環蘭桂坊，飲醉後被陌生男子強姦，而你當時其實是在柴灣何先生的家中，所以告你

誤導警員，究竟發生了什麼事呢？

　　A：因為何先生迷姦了我，後來告訴我他有很多女朋友，我擔心他有性病，可能會傳染我，所以我去了醫院，說被人強姦，想驗身，之後護士通知了警員，警員甲來到了後，我說喝了酒，精神不好，不想講強姦的事，後來警員甲說不會錄口供，只是想了解情況，並一直問我是否在晚上十一時開始喝酒，我說是，是否在蘭桂坊，我說是，一直都是這樣對答，大部分的內容都是甲提供的。

　　金：這兩條控罪你打算認罪？還是不認罪？

　　A：不認罪。因為我不知道那兩粒藥丸是毒品，而誤導警員那條罪，我不甘心認罪，因為我是不想講，是警員迫我講的。

　　金：好吧，那麼我們準備不認罪的答辯吧。其實你想知道是否被何先生染了性病，手續是非常簡單，只要去化驗所驗血，便會知道是否膽固醇過高，血糖過高，及有沒有性病，通常只需要花幾百元。

　　A：啊，我現在知道了。

　　在審訊當天，控方傳召何先生作供，說 Amy 在他家住了幾天，在指稱報案的日期、時間，Amy 其實是在他柴灣的家裏，金大狀盤問何先生。

　　金：Amy 和 Nina 去到你的家裏，你們開始喝酒？

　　何：沒有喝酒。

　　金：喝什麼？

　　何：汽水。

　　金：所有人都是喝汽水？

　　何：對。

金：請你看你以前的口供，你說喝了一杯紅酒。

何：（本來的聲線已經很低，像做了虧心事一樣，現在聲線更加低）沒有喝。

金：Amy 喝了酒之後，身體發軟，你便強姦她。

何：沒有。

金：為什麼叫 Ricky 來派對？

何：一齊玩，開心一些。

金：你是叫 Ricky 纏著 Nina，令你有機會強姦 Amy。

何：不是。

金：你是在酒中落了藥，令你可以迷姦 Amy。

何：不是（仍然是很細聲）。

金：你們做愛時 Amy 是否合作？

何：合作，當然是合作啦（露出了一絲奸笑）！

金：Amy 有沒有掙扎？或和物件碰撞？

何：沒有，她很合作。

金：請你看 Amy 在醫院的驗傷報告，她的大腿和小腿都有瘀傷，為什麼呢？

何：啊⋯⋯呀⋯⋯我不知道。

金：因為是你迷姦了她，所以她手腳不協調，撞傷了大腿和小腿。

何：不同意。

金：她說頭暈，你便給她一些藥丸。Amy 食了兩粒藥丸，還剩下兩粒，便是這兩粒藥丸（金大狀指著警員從 Amy 搜到的兩粒藥丸）。

何：不同意。

控方傳召警員甲作供。

甲：在醫院內，被告說在蘭桂坊喝醉酒，被陌生男子性侵，之後醒來衣衫不整，躺在中環海旁，但是根據閉路電視，被告當時應該身在柴灣，所以是誤導警員。

金大狀盤問警員甲。

金：當時被告說喝了酒，神智不清醒，不想界口供，對嗎？

甲：對。

金：你並沒有立即把口供紀錄下來，同意嗎？

甲：同意。

金：你沒有問被告是否想增加、減少或刪改口供，對嗎？

甲：對。

金：口供的內容，例如蘭桂坊及中環海旁都是你提議的。

甲：不同意。

Amy 選擇作供說因為害怕何先生有性病，可能會傳染給她，所以去醫院驗身，後來警員甲問她，她不想講，但是警員甲說只是想了解情況，並提出不同的細節，例如蘭桂坊及中環海旁等等，給 Amy 去完成報案的講法，而在她身上搜到的兩粒藥丸是何先生給她的止頭暈藥，她吃了兩粒，還剩下兩粒便放在手袋中。

主控官盤問 Amy。

主：既然你說被迷姦，為何還會搬去何先生家中住？

A：因為他氹我，說會照顧我。

主：你是有對警員說在蘭桂坊飲醉酒後被一名陌生男子性侵。

A：是警員甲要我講的，是在不情願的情況下講的。

主：那兩粒藥丸是在你的手袋中搜到的。

Ａ：是，但是我並不知道它們是毒品。

主：你是故意誤導警員。

Ａ：不同意。

主：你是知道那兩粒藥丸是毒品。

Ａ：不同意。

金大狀作出結案陳詞：警員甲也同意被告說喝了酒，不適宜作供，警員甲沒有即時做紀錄，亦沒有問被告是否有刪改、增加或減少，所以控方不能證明口供是被告自願作出的，也不能證明口供是準確的，請法官閣下判被告誤導警員控罪，罪名不成立……何先生並不是可靠的證人，作供時態度閃縮，及聲音很小，他說沒有迷*姦*被告，但是被告的驗身報告指出被告的大腿及小腿有瘀傷，證明被告是被迷*姦*，手腳不協調，所以有碰撞，造成傷勢。……何先生並不是可靠的證人，請法官閣下判被告藏毒罪名不成立。

法官的判決：被告與何先生的金錢及感情瓜葛，本席不能在本案中釐清，也不能聽了一些證據便裁定是否有強*姦*。……警員甲也說被告表示喝了酒，神智不清……本席不能接納有關的口供是自願及準確的，所以本席判被告誤導警員罪名不成立。……何先生並不是可靠的證人……再者被告用一個利是封裝著兩粒藥丸，非常搶眼，被告可能真的不知道該兩粒藥丸是毒品，……本席裁定藏毒罪名不成立。

在庭外，金大狀的學生 Cindy 問，為什麼控方不控告何先生強*姦*呢？

金：因為 Amy 在被迷*姦*之後，還搬去何先生家裏住了幾天，陪審團很可能不接納 Amy 是被強*姦*的，所以控方沒有告何先生強*姦*。

Amy 非常高興，向金大狀多番道謝，並送了一個果籃及一個獎牌給金大狀，表示謝意。

法律小知識

第 232 章《警隊條例》第 64 條虛報有人犯罪等罪行

任何人明知地——

　　(a) 向警務人員虛報或導致他人虛報有人犯罪；或

(b) 提供虛假資料或作出虛假的陳述或指控，以誤導警務人員，即屬犯罪，循簡易程序定罪後，可處罰款 $1,000 及監禁 6 個月。

第 134 章《危險藥物條例》第 8 條管有危險藥物非作販運用途及危險藥物的服用

(1) 除根據及按照本條例，或根據及按照署長根據本條例而發出的許可證外，任何人不得——

　　(a) 管有危險藥物；或

　　(b) 吸食、吸服、服食或注射危險藥物。

(2) 任何人違反第 (1) 款的任何規定，即屬犯罪，可處以下罰則——

　　(a) 循公訴程序定罪後，可處罰款 $1,000,000，並在符合第 54A 條的規定下，可處監禁 7 年；或

　　(b) 循簡易程序定罪後，可處第 6 級罰款，並在符合第 54A 條的規定下，可處監禁 3 年。

15.
提供利益

在香港做生意，是不可以向代理人提供利益的，除非事先得到代理人僱主的批准。例如一間工廠的買手，若果收取一間公司的利益而去決定購買該公司的貨物，便是犯了香港法例第 201 章《防止賄賂條例》第 9 條，提供利益及收取利益的人都會被起訴。

有些案件並不如上述的例子那麼簡單。以下的案件是一個略為複雜的例子。希望你可以看得明白。

丁大狀是一宗廉政公署案件的外判主控，在審訊時作出開案陳詞：

被告人是金水證券行（「金水」）的經理，他知道大雄地產（「大雄」）將會上市，希望大雄會使用金水證券行的上市服務，所以促使金水聘用了大雄的總經理何先生的兒子 Simon，博取何先生叫大雄用金水的服務上市。

本案的利益是一項「工作委任」，因為「工作委任」也是「利益」的一種。何先生是大雄的「員工」，也是「代理人」。行賄的目的是想何先生令大雄使用金水證券行的服務去上市。

跟著丁大狀呈遞了一份控辯雙方同意事實（註：一些雙方都不爭議的事實會以「同意事實」的方式處理，不用傳召證人，節省法庭及證人的時間）。同意事實包括：

a) 一些電郵，都是被告發給金水的文員，內容大概如下：

i) Will you interview Simon?

ii) Will Simon be hired?

iii) Please let me know the result.

iv) Please take care of Simon.

v) 大雄快要上市，need to hire Simon.

b) 金水證券行有「客戶推薦計劃」，金水的員工可以把和客戶有關的人之申請工作表傳給處理的文員；

c) Simon 在六年前被金水證券行聘請為員工；

d) 大雄在五年前上市，使用了金水證券行的服務；

e) 被告在填寫給金水法規部的聲明書中，有清楚申報「金水」、「大雄」、「何先生」及「Simon」的關係。

丁大狀跟著傳召大雄的董事雷先生作供。

雷：我是大雄的董事，何先生是我們的總經理……在七年前大雄打算上市，在五年前大雄聘用了金水證券行，提供大雄的上市服務……

我見過 Simon，知道他是何先生的兒子，但沒有和他有聯絡，也不知道他在金水工作……

金大狀盤問雷先生。

金：大雄上市是一項重要事件。

雷：對。

金：所有公司高層都有份參與。

雷：對。

金：聘用金水是整個董事局的決定。

雷：對。

金：何先生在聘用金水的事項上，雖然有份參與但是沒有決定權，對嗎？

雷：是的，要通過董事局去決定。

金：聘用金水的服務，是有合約的。

雷：是。

金：合約內的條件是普通的商業條件，並沒有對金水特別優待的條件，你同意嗎？

雷：同意。

丁大狀傳召處理 Simon 工作申請表的金水文員作供，說明她有處理 Simon 的申請表，並且收到被告的電郵，詢問 Simon 的申請進度。

金大狀盤問文員。

金：你的職責是處理工作申請表。

文：是。

金：你是完全沒有權決定是否請 Simon，對嗎？

文：對，我只是一個文員。

金：被告發電郵給你，你也沒有回覆，對嗎？

文：是。但他有用電話查詢。

金：你也只是告訴他申請的進度，對嗎？

文：對。

被告選擇不作供及不傳召證人。

丁大狀作出結案陳詞：被告為了誘使何先生因為大雄上市，聘用金水證券行的服務，而令金水聘請何先生的兒子 Simon 為金水的員工。因為「工作委任」或「聘請工作」都是「利益」的一種，所以被告是把「利益」輸送給何先生，引致何先生令大雄使用金水的上市服務。何先生是大雄的總經理，所以是大雄的「代理人」……，所以被告干犯了《防止賄賂條例》第 9 條，應該被定罪。

金大狀作出結案陳詞：……有關的電郵只是詢問有關 Simon 申請工作的進度，在電郵之中，並沒有顯示任何賄賂的意圖……收電郵的文員只是處理文書工作，沒有任何關於是否聘請 Simon 的話事權……被告有清楚申報有關大雄、金水、何先生及 Simon 的關係，沒有作出任何隱瞞……何先生是大雄的總經理，但並不是可以自己決定是否聘用金水……「工作委任」是給 Simon，不是給何先生，所以沒有利益給何先生……控方不能證明控罪元素，請法官閣下裁定控罪不成立。

法庭接納金大狀的陳詞，判定被告無罪釋放。

金大狀的徒弟蘇兒在庭外問金大狀。

蘇：師傅，起初聽控方的開案陳詞，覺得控方很有理由，但是聽完師傅的陳詞，又覺得控方的案件有漏洞，我也覺得有些混亂了……

金：以控方的立場來說，被告的行為確是有可疑，但是控方要有足夠證據去證明控罪的每一個元素。在這案件中，控方確實是有困難去證明控罪的所有元素。

蘇：那個「客戶推薦計劃」是否有問題呢？

金：我不是商界人士，我相信是他們想出來的計劃以增進和客戶的關係，以商業的角度來看，確是好事。但因為是「客戶」，可能與公司存在利益關係，要很小心地去處理，以免誤觸法網。

法律小知識

第 201 章《防止賄賂條例》第 9 條代理人的貪污交易

(1) 任何代理人無合法權限或合理辯解,索取或接受任何利益,作為他作出以下行為的誘因或報酬,或由於他作出以下行為而索取或接受任何利益,即屬犯罪——

(a) 作出或不作出,或曾經作出或不作出任何與其主事人的事務或業務有關的作為;或

(b) 在與其主事人的事務或業務有關的事上對任何人予以或不予,或曾經予以或不予優待或虧待。

(2) 任何人無合法權限或合理辯解,向任何代理人提供任何利益,作為該代理人作出以下行為的誘因或報酬,或由於該代理人作出以下行為而向他提供任何利益,即屬犯罪——

(a) 作出或不作出,或曾經作出或不作出任何與其主事人的事務或業務有關的作為;或

(b) 在與其主事人的事務或業務有關的事上對任何人予以或不予,或曾經予以或不予優待或虧待。

第 201 章《防止賄賂條例》第 12 條罪行的罰則

(1) 除第 3 條所訂罪行外,任何人犯了本部所訂罪行,可遭處罰如下——

(a) 一經循公訴程序裁定——

(i) 犯了第 10 條所訂罪行者,罰款 $1,000,000 及監禁 10 年;

(ii) 犯了第 5 或 6 條所訂罪行者,罰款 $500,000 及監禁 10 年;及

(iii) 犯了本部所訂其他罪行者,罰款 $500,000 及監禁 7 年 (包括第 4 或 8 或 9 條所訂罪行者)

16.
無人是安全的

　　甲、乙、丙、丁被控販毒，甲是司機，乙是車頭的乘客，丙、丁是車尾的乘客，甲承認控罪，乙、丙、丁不認罪。

　　控方指警員在旺角砵蘭街看見一輛私家車停在路上，乙在左前車門行出來，而丙在左後車門行出來。乙將一個手抽袋交給丙，丙打開來看一下然後拿在手中。後來，警方在手抽袋內找到五百克海洛英，便拘捕丙，在丁的斜揹袋內找到三百克海洛英，警察拘捕他們並警誡他們，在警誡之下，他們都說打算賣毒品賺一些錢。

　　甲打算認罪，乙、丙、丁找江仲有律師答辯，江律師轉聘金大狀為辯方大律師，並安排金大狀與乙、丙、丁開會。

　　金：你們的答辯理由是什麼？

　　乙：我們都不認罪，因為毒品是在車尾箱內找到的，我們都不知道車內有毒品。

金：你們是否有口頭招認賣毒品賺一些錢？

乙：沒有。

金：好吧，我們研究一下如何答辯吧。

案件開審當天，法庭抽出七個陪審員，主控逐一傳召證人。警員 A 作供說在事發當天晚上，A 和三個警員在砵蘭街當值，甲駕車停在路上，乙由左前門行出來，丙在左後車門行出來，乙將一個手抽袋給丙看，丙打開來看並拿出了一包物品來看，之後，便將那包物品放回手抽袋之內，跟著拿著該手抽袋。在搜身時發現該手抽袋有毒品，而丁的斜揹袋內也有毒品。

金大狀盤問警員 A。

金：你們四位警員站在砵蘭街時，位置分佈如何？

A：兩前兩後。

金：相隔多遠？

A：約三十米。

金：甲的車停在哪裏？

A：停在我們中間。

金：有沒有原因這車子，會這麼巧，會剛好停在你們中間？

A：哦……這個我也不知道。

金：這是一輛普通的私家車。

A：是。

金：車頭的座位及車尾的座位是沒有間隔分開的，對嗎？

A：對。

金：乙在車內也可以將手抽袋交給丙看的，對嗎？

A：哦……對。

金：你說乙在街上將手抽袋交給丙看，丙將一包物品由手袋內拿出來看，街上的人都是可以見到的嗎？

A：是。

金：真的？

A：真的。

金：警察拘捕乙、丙、丁之後，他們有沒有作出警誡下的口頭承認？

A：有。

金：警察有沒有將警誡下的口頭承認在警察的記事簿紀錄下來？

A：有。

金：但是乙、丙、丁都拒絕在警察記事簿上簽名，對嗎？

A：對。

金：因為他們都不認有說過招認的說話。

A：不同意。

金：你們突然之間將他們四個從車子內一齊拉出來。

A：不是。

金：所有的毒品都是在車尾箱內找到的。

A：不同意……

金：丁的斜揹袋內並沒有毒品。

A：不同意。

金：那麼為什麼沒有在現場影毒品在斜揹袋內的相片？

A：啊……我也不知道。

金：你們在晚上十一時拘捕了丁。

A：是。

金：若果斜揹袋內真的有毒品，為什麼在凌晨二時零五分才檢取斜揹袋做證物？

A：哦……這個我也不知道。

控方作出結案陳詞說：警察都是說真話……車內的乘客都應該知道車內有毒品……請陪審團判乙、丙、丁有罪。

金大狀作出結案陳詞指出案中的疑點……另外金大狀說：主控說車上的乘客都應該知道車內有毒品，請你們千萬不要接納這個理論，否則世界上沒有一個人是安全的，我們時常都會坐上朋友的車、的士、小巴、巴士，若果車上有毒品，乘客便要負責任，很多人都會無辜入獄，世界上將沒有一個人是安全的……

主審法官對陪審團作出總結及指引，陪審團在三小時內作出 7 比 0 的裁決，一致裁定乙、丙、丁無罪釋放。乙、丙、丁鬆了一口氣。

法律小知識

第 134 章《危險藥物條例》第 4 條危險藥物的販運

(1) 除根據及按照本條例,或根據及按照署長根據本條例而發出的許可證外,任何人不得為其本人或代表不論是否在香港的其他人士——

(a) 販運危險藥物;

(b) 提出販運危險藥物或提出販運他相信為危險藥物的物質;或

(c) 作出或提出作出任何作為,以準備販運或目的是販運危險藥物或他相信為危險藥物的物質。(由 1980 年第 37 號第 2 條修訂)

(2) 不論危險藥物是否在香港,或將進口入香港,或是否被確定、據有或存在,第 (1) 款均適用。

(3) 任何人違反第 (1) 款的任何規定,即屬犯罪,可處以下罰則——

(a) 循公訴程序定罪後,可處罰款 $5,000,000 及終身監禁;及

(b) 循簡易程序定罪後,可處罰款 $500,000 及監禁 3 年。

17.
無披露

B 仔被控串謀傷人，控方主要依賴一名污點證人 K 仔。在審訊當天，K 仔作供。

K：王先生叫我去襲擊事主余先生，我有些膽怯，下不了手，於是我找阿牛商量，結果阿牛同意收五千元，襲擊余先生，當時 B 仔也在場，B 仔同意到時假扮幫助受傷的余先生，其實是阻擋余先生追阿牛，好讓阿牛離開，B 仔會另外收一千元。

B 仔的麥大律師盤問 K。

麥：B 仔根本沒有參與。

K：不同意。

麥：整件事只不過是阿牛及你去幫王先生襲擊余先生，對嗎？

K：不對。

（麥大狀很有經驗，繼續盤問 K）

B仔選擇作供自辯。

B：事發當天我去找阿牛，因為阿牛欠我八百元，之後他說很快便有錢還給我，叫我和他一同去飲茶，去到事發地點見到K仔，阿牛叫我先和他等一等，之後余先生由大廈內行出來，阿牛便去襲擊他。我見余先生受傷，便行前去問他是否要幫手，余先生轉頭行返入大廈內，我並沒有參與襲擊余先生。

控方丁大狀盤問B仔。

丁：為什麼你要跟著阿牛？

B：因為他欠我錢。

丁：你見到余先生被襲擊，為什麼不報警？

B：我相信有人會報警。

丁：為什麼你見余先生受傷，還不離開？

B：因為我覺得余先生可能要人幫助，所以我行上前問他是否要幫手。

丁：其實你是和K仔、阿牛串謀襲擊余先生。

B：不同意。

丁大狀作出結案陳詞，麥大狀跟著作出結案陳詞，結果B仔被定罪，判刑三年。B仔覺得受屈，決定上訴，託律師樓轉聘金大狀為他上訴。

金：你自己認為有什麼上訴理由？

B：我並沒有串謀。

金：我們要找出法官判決時的錯處，或程序上的錯漏才可以上訴。

B：我聽聞K正在上訴刑期，說法庭判得太重。

金：好吧，我替你詳細睇一睇文件吧。

金大狀找到 K 上訴刑期用的誓章說自己的大律師向他說若果做污點證人，刑期可能有 50% 的扣減，於是他寫了兩封信給警方，說願意做污點證人，警員有兩次入監探 K，和他商量做污點證人的事，第三次探監時才為他寫了一份「無損權益口供」（non-prejudicial statement），用來指證 B 仔。

金大狀越睇越覺得有問題，於是翻看調查報告（Investigation report），見到調查報告真的是有警員在寫「無損權益口供」前有收到 K 的信，及有警員去監房探 K，有一些警員筆記簿也有相關的紀錄。而上述的事情及警員筆記簿在審訊前都沒有向辯方披露。金大狀覺得做法不妥，決定為 B 仔上訴。

經過調查後，律政司也承認警方沒有將 K 寫的兩封信及警員曾經去探 K 的事情披露給辯方知道。

金大狀為 B 仔的上訴作出陳詞。

金：控方有責任將所有有關的資料披露給辯方知道……因為控方沒有披露有關的兩封信及在寫「無損權益口供」之前曾經去探問 K 兩次，在審訊時代表上訴人的麥大狀沒有這些資料去盤問 K，去打擊 K 的可信性，所以造成不公平……

律政司代表：警方確實在審訊前沒有向辯方披露有關的事情，但警方覺得不重要，所以沒有披露……

上訴庭接受金大狀的陳詞，裁定警方有責任去披露有關的事情給辯方知道，撤銷定罪，將案件發還重審。

金大狀的徒弟 Ava 問金大狀。

A：其實 B 仔是否有串謀襲擊余先生呢？

金：最清楚的人當然是 B 仔及 K 仔。無論如何，法律程序一定要正確，盡量去防止無辜的人被定罪。

A：知道了，師傅我去替你買絲襪奶茶，好嗎？

金：好的，謝謝。

法律小知識

串謀的定義：兩個人或以上同意去干犯刑事罪行，由其中的一個或以上的人去進行犯罪便為之串謀。

18.
誰是壞人？

　　老實藥坊的負責人呂先生被控違反《商品說明條例》，虛假地向客人說一些「瑪卡」（男性補品）的價錢是每斤四百七十元，但是收錢時卻說是四百七十元一錢。呂先生急忙找金大狀幫忙答辯。

　　呂：我真的沒有說瑪卡是每斤四百七十元。

　　金：有什麼獨立的人證或物證可以幫你？

　　呂：我的舖頭裝了閉路電視。

　　金：有錄音嗎？

　　呂：沒有。

　　金：那麼錄不到你們當時的對話了！

　　呂：錄不到。

　　金：那麼閉路電視片段可能幫不到你了！

　　呂：哦。

金：你把閉路電視片段給我看一看，再想想辦法吧。

呂：好的。

在審訊當天，負責放蛇的王督察作供，他說案發當天假裝是顧客「放蛇」，呂先生說瑪卡是四百七十元一斤，並且將一個大玻璃瓶給王督察看。王督察再三詢問四百七十元是一斤還是一錢，呂先生只是含糊其辭，只說是四百七十元，功效非常好等等。王督察最後選了十粒瑪卡，在切片之後，呂先生以四百七十元一錢去收錢，於是王督察拘捕呂先生。

金大狀盤問王督察。

金：你們檢取了玻璃瓶，對嗎？

王：是。

金：這張相片顯示的是當時的玻璃瓶，同意嗎？

王：同意。

金：玻璃瓶上面是清楚地寫上瑪卡四百七十元一錢，是嗎？

王：哦……是。

金：那麼呂先生如何虛假地聲明是四百七十元一斤呢？

王：哦……但是他有這樣說。

金：當時玻璃瓶上的價錢牌是向著你的？

王：曾經是。

金：為什麼是曾經是呢？

王：因為他不停地轉動玻璃瓶，令我看不清楚玻璃瓶上的價錢牌。

金：怎樣轉動，請你示範及描述一下。

王：他將玻璃瓶左右轉動，給我看瓶內的瑪卡粒，令我看不清

價錢牌（一邊說一邊做將玻璃瓶轉動的動作）。

　　金：請你看看當時舖頭內的閉路電視片段，這個是你，對嗎？

　　王：對。

　　金：你行近櫃面向被告說話，對嗎？

　　王：是。

　　金：被告從身後取出玻璃瓶，是嗎？

　　王：是。

　　金：當時價錢牌是向著你的。

　　王：哦……呀……是。

　　金：後來被告取出十粒瑪卡，切片及向你收錢。

　　王：是。

　　金：你跟著表露身份，拘捕被告。

　　王：是。

　　金：整個時段被告都沒有轉動玻璃瓶。

　　王：哦……我不知道……可以再看嗎？

　　官：很明顯被告沒有轉動玻璃瓶，你需要再看嗎？

　　王：哦……呀呀，對不起，我不需要再看了。

　　金：法官閣下，我再沒有其他問題了（跟著微笑著坐下）。

　　控方舉證完畢，金大狀作出「無需答辯的陳詞」。

　　金：控方依賴王督察的證供說被告作出虛假陳述……，王督察說被告不斷轉動玻璃瓶，令他看不清楚價錢牌，但是閉路電視片清楚地顯示價錢牌一直都是向著王督察，被告並沒有轉動玻璃瓶，證明王督察是明顯地說謊……所以控方完全沒有可依賴的證據去證明控罪，請法官閣下裁定證據太薄弱，被告無需答辯。

控方作出回應：王督察說被告有口頭說是四百七十元一斤，後來卻說是以四百七十元一錢去收錢，是有表面證據去證明被告作出虛假陳述。

法官作出裁決。

官：證人王督察說被告不斷轉動玻璃瓶，令他看不清楚價錢牌，但是閉路電視片段顯示價錢牌一直向著王督察，被告並沒有轉動玻璃瓶，王督察明顯是在說謊……控方的證據薄到不能再薄，根本不可能定罪，本席裁定表面證據不成立，控罪撤銷。

金：法官閣下，辯方申請堂費，因為本案的證據有很大的問題，而被告沒有自我招嫌。

官：控方證人不應在庭上說謊，被告亦沒有自招嫌疑，本席裁定被告可獲得堂費。

金大狀的徒弟 Michelle 在庭外問金大狀：師傅，為什麼王督察會在庭上說謊呢？

金：有一些證人加鹽加醋去加強他的證供，希望可以成功地檢控，可是說大話是絕對不應該的，可以弄巧成拙，像今次一樣。另外，若果他的謊話沒有被揭穿，後果可能更嚴重，可能會令無辜的人入罪！

法律小知識

第 362 章《商品說明條例》第 7 條與貨品的商品說明有關的罪行

(1) 除本條例條文另有規定外，任何人如有下列作為，即屬犯罪——

(a) 在營商過程或業務運作中——

    (i) 將虛假商品說明應用於任何貨品；或

    (ii) 供應或要約供應已應用虛假商品說明的貨品；或

(b) 管有任何已應用虛假商品說明的貨品作售賣或任何商業或製造用途。

(2) 任何人為供應而展示貨品或為供應而管有貨品，須當作要約供應該等貨品。

(3) 除本條例條文另有規定外，任何人處置或管有任何印模、印版、機器或其他儀器，以製造虛假商品說明或將虛假商品說明應用於貨品，則除非該人證明他行事時並無詐騙意圖，否則即屬犯罪。

第 362 章《商品說明條例》第 18 條罰則

(1) 任何人如犯第 4、5、7、7A、9、12、13E、13F、13G、13H 或 13I 條所訂罪行——

(a) 一經循公訴程序定罪，可處罰款 $500,000 及監禁 5 年；及

(b) 一經循簡易程序定罪，可處第 6 級罰款及監禁 2 年。

(1A) 任何人如犯第 16A(3) 條所訂罪行，可處第 2 級罰款及監禁 3 個月。

(2) 任何人如犯第 17 條所訂罪行，可處第 3 級罰款及監禁 1 年。

19.
激烈反抗

小龍被控襲擊警員。控方指警員覺得小龍在晚上跑步有可疑，於是便上前調查，但是遇到小龍激烈反抗，並且撞警員的左邊大腿，所以告小龍襲擊警員，小龍找金大狀為他辯護。

金：你是打算認罪還是不認罪？

龍：不認罪。

金：你的答辯理由是什麼？

龍：我根本沒有襲警，那天晚上十一時我在跑步，那名便衣警員截停我，表示是警員，叫我攞身份證給他及問我為什麼晚上一個人在街上。我的老師曾經教我們，若果有陌生人說自己是警察，我們應該叫他出示「警察委任證」，於是我便說：「你係警察？請出示『警察委任證』畀我睇。」他聽到之後，便說：「死曳仔，係唔係玩嘢呀？」之後用警棍掃我，及之後拉我返差館，告我襲警。

金：你肯定沒有打他？

龍：肯定。

在審訊當天，警員 X 作供。

X：……我便衣當值，作罪案巡邏，在晚上十一時，我見到一名男子在街上跑來跑去，意圖不軌，於是上前調查，我表露身份，我問他攞身份證，但他拒絕攞身份證出來，我問他在那裏做什麼，他說：「我做乜嘢關你咩嘢事。」我叫他冷靜，誰知他手舞足蹈，激烈反抗，而且用膝頭撞擊我大腿……

金大狀盤問 X。

金：他撞擊了你多少次？

X：大約三至四次。

金：他用什麼撞你呢？

X：右膝頭。

金：他的膝頭是向前撞你，還是向橫撞你？

X：向橫出力撞。

金：你有去醫院驗傷，是嗎？

X：有。

金：有沒有向醫生說如何受傷？

X：啊……我忘記了。

金：請你看驗傷報告，你向醫生說被踢到，是嗎？

X：啊，我不記得了。

金：你有沒有用警棍打被告？

X：啊……應該沒有。

金：請你看附近舖頭影到的閉路電視。

（原來金大狀剛巧和案發現場的舖頭相熟，拿到了舖頭向街的閉路電視片段。顯示被告並沒有膝撞警員，反而警員有用警棍打橫掃向被告。）

金：閉路電視片段顯示你用警棍打被告，對嗎？

X：啊……呀……啊……我並沒有用警棍打他，只不過是作狀嚇他，令他不再反抗。

小龍選擇不作供，金大狀作出結案陳詞：

1. 控方第一證人 X 的證供並不可靠。他在當天寫的證人口供只是說被告「激烈反抗並多次撞擊本人左邊大腿近膝頭位置」，並沒有說：

　　a) 撞擊多少次；

　　b) 如何撞擊；

　　c) 用右膝頭撞擊左膝頭對上大腿位置；

　　d) 用膝頭向橫出力撞；

2. X 的證供並不可被依賴，因為：

　　a) 他向醫生說被踢到；

　　b) 他在庭上說被膝頭撞到；

　　c) 在閉路電視片段之中看不到小龍有撞 X。

3. X 並沒有合理地執行職務（no due execution of duties），因為 X 用警棍打被告時，被告並沒有反抗。X 沒有合理的理由去用警棍打被告。

4. 在「辯方文件冊」中辯方已經指出比較重要的閉路電視片段，在本案中所有閉路電視片段顯示出被告：

    a) 無逃走；

    b) 無掙扎；

    c) 無撞 X 的左邊大腿近左膝頭位置。

5. 控方有舉證責任，要在無合理疑點之下，證明控罪的每一項元素。

6. 基於上述原因，控方不能在毫無合理疑點下證明控罪，請法庭判被告無罪釋放。

案件發展到這裏，控方證據如此混亂及不可信，辯方的證據這麼強，聰明的讀者都會估到小龍會被無罪釋放了，小龍多謝金大狀的幫忙。在回到寫字樓之後，金大狀的徒弟 Kelvin 向金大狀請教。

K：師傅，我有一點不明白。

金：什麼不明白。

K：警員與小龍無仇無怨，為什麼要誣告小龍呢？

金：我也不知道，可能是小龍叫他出示「警察委任證」，令他以為小龍是在挑戰他的警權，之後便「擦槍走火」，一發不可收拾。

法律小知識

第 232 章《警隊條例》第 63 條對執行職責的警務人員襲擊等或以虛假資料誤導警務人員的罰則

任何人襲擊或抗拒執行職責的警務人員，或協助或煽惑任何人如此襲擊或抗拒，或在被要求協助該執行職責的人員時拒絕協助，或意圖妨礙或拖延達到公正的目的而提供虛假資料，以蓄意誤導或企圖誤導警務人員，循簡易程序定罪後，可處罰款 $5,000 及監禁 6 個月。

第 212 章《侵害人身罪條例》第 36 條意圖犯罪而襲擊或襲警等

任何人——

(a) 意圖犯可逮捕的罪行而襲擊他人；或

(b) 襲擊、抗拒或故意阻撓在正當執行職務的任何警務人員或在協助該警務人員的人；或

(c) 意圖抗拒或防止自己或其他人由於任何罪行受到合法拘捕或扣留而襲擊他人，即屬犯可循簡易或公訴程序審訊的罪行，可處監禁 2 年。

20.
魔鬼在細節

通常「魔鬼在細節」是指一些合約，裏面可能會有對你不利的條款，所以要細心看清楚，才可以簽署合約。

在一些案件中，有些重要的細節，可能隱藏在一些文件之中，要小心翻看才可以發掘出來。

在一單擄人勒索的案件中，丁小姐在一個停車場內，被人拉了上一架客貨車，帶她去到一間木屋，要脅丁小姐叫家人付贖金，結果由一百萬減至二十萬，丁小姐的家庭並不特別富裕，有可能是賊人看見丁小姐衣著光鮮，隨機拉了她上車，進行勒索。家人付了贖金之後，賊人便在一處路邊放低了丁小姐。

幾個月之後，警方找到一名疑犯阿毛，丁小姐認出阿毛便是其中一名賊人，於是阿毛便被告「綁架」，最高刑罰是終身監禁！阿毛成功申請「法律援助」，法律援助署聘請金大狀為阿毛辯護。

在未去探阿毛之前，金大狀先研究一下文件，原來賊車的車牌是假的，所以警方不能用車牌追蹤賊人，但是賊人是有用一張八達通去付款，離開停車場，經過一番追查，發現那一張八通達曾經在大埔墟的 7-11 有人用過，警方於是追查住大埔墟有案底的人士，及外形比較接近丁小姐對賊人的描述，鎖定了幾名可疑人，於是安排了丁小姐認人，結果認出了阿毛是賊人之一。

金大狀探阿毛，向他索取指示。

金：你打算認罪還是不認罪？

毛：不認罪。

金：案發時，即是 X 年 X 月 X 日你在哪裏？

毛：事隔這麼久，我都記不起了，應該是在家裏。

金：有沒有不在場證據？

毛：我自己可以做證。

金：有沒有其他不在場證據？

毛：沒有，因為我是一個人住。

金：你是否有參與綁架？

毛：沒有，真的沒有，我已經沒有犯事，現在奉公守法，每天都是返工放工，在家裏睇電視，享受一下平靜的生活。

金：你是不認識女事主？

毛：不認識。

阿毛眉粗眼大，外形確是比較兇猛……也難怪丁小姐認他出來，可是他說現在奉公守法，享受平靜生活時，也表現得很誠實，他是真的奉公守法嗎？還是在做戲呢？

金大狀和徒弟 C.H. 商量。C.H. 以前是很有經驗及很勤力的一級高級律政書記，在退休後跟隨金大狀做見習大律師。

金：請你幫我睇一睇文件，有沒有可以幫我們的線索？

C.H.：好的。

C.H. 細閱文件後，包括「不採用的資料」（unused materials），即是控方不會採用來指控被告的資料。C.H. 在「不採用的資料」找到重要的線索。

C.H.：師傅，原來有份 DNA（人類染色體）報告，說受害人衣服上的 DNA 並不是被告人的 DNA，而是另一個男人的 DNA，可能幫到我們的案件。

金：非常好，不過我們還是要小心運用這個資料。

在審訊當天，丁小姐講述事發經過，並在庭上認出阿毛便是其中一名賊人。由地上抱她上床，因為她在地上覺得辛苦。賊人抱她上床令她舒服一點，並不是抱她上床侵犯她。金大狀盤問了丁小姐。

金：當日天氣很熱，對嗎？

丁：對。

金：屋內沒有冷氣。

丁：沒有。

金：所以你有流汗。

丁：啊，應該有。

金：那名抱你上床的賊人是穿著短袖衫？

丁：是。

金：他也應該有流汗，對嗎？

丁：對。

金：他抱你的時候，雙手及雙臂應該是接觸到你的衣服？

丁：對。

金：你向警方講述了該名賊人的外貌，對嗎？

丁：對。

金：你的證人口供說賊人是「普通高度，短髮，沒有戴眼鏡，約四十至五十歲」，是嗎？

丁：是。

金：這個描述很普通，適用於很多人，同意嗎？

丁：同意。

金：其實你能夠看見賊人的樣貌的時間只有三至四秒鐘。

丁：差不多。

金：幾個月之後認人時，你已經不太記得賊人的樣貌，對嗎？

丁：你可以這樣說。

金：所以你在認人行列認出被告時，也有認錯可能，對嗎？

丁：（笑了一笑，望著金大狀，不知怎樣好）

金：（也笑了一笑）

丁：也有可能的。

雙方呈遞了有關 DNA 的報告。金大狀跟著向原訟法庭大法官陳詞。

金：法官閣下，當日天氣很熱，很多人都出汗，若果被告是抱了丁小姐上床的賊人，丁小姐的衣服應該染有被告的汗，應該有被告的 DNA，可是化驗結果證明衣服上並沒有被告的 DNA，反而有另外一個男子的 DNA，證明被告並不是該名賊人⋯⋯請法官裁定證據薄弱，無需答辯。

該名大法官非常有經驗，立即裁定證據薄弱，被告無需答辯，當庭釋放。

C.H. 恭喜金大狀贏了官司。

金：C.H. 其實我要多謝你，你那麼勤力及細心，發現對我們有利的 DNA 報告，令阿毛沉冤得雪，洗脫罪名。

法律小知識

第 212 章《侵害人身罪條例》第 42 條意圖販賣而將人強行帶走或禁錮

任何人以武力或欺詐方式將任何男子、男童、女子或女童在違反其意願下帶走或禁錮，意圖將其販賣或意圖取得用以交換其釋放的贖金或利益，即屬犯可循公訴程序審訊的罪行，可處終身監禁。

外判主控

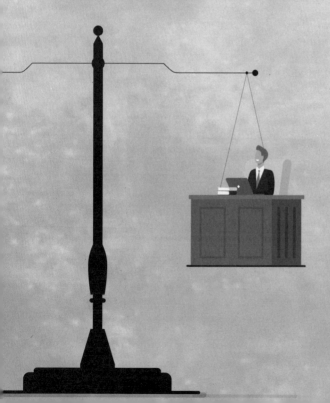

21.
膽大包天

H先生由巴西運毒來香港，判監十八年，在獄中不斷搞事，更襲擊懲教署人員，被定罪後加監六個月，H上訴到原訟庭，但被裁定敗訴，H不服，再上訴到終審法庭，理由是「嚴重不公平」。

H做了一份誓章，說他在醫院的牌板上，見到兩位懲教人員（A及B）的口供，在襲擊案件中，A及B作證說因為H不肯歸還報紙給A，所以吵起來，H用手推A及用腳踢A，可是在醫院內看到的兩份口供，A及B都只是說H用口水吐A，沒有其他動作，所以A及B在庭上是講大話。H在醫院要求影印該兩份口供，所以得到這兩份的口供。

控方大律師見到H的誓章，見到A及B兩份截然不同的口供，覺得很有問題，於是同意H的上訴，H的襲擊罪被判無罪釋放。

懲教署方面覺得很奇怪，A 及 B 通常都是用中文寫口供，為什麼 H 呈遞的 A 及 B 口供是用英文寫的呢，裏面說 H 不肯退還「英文版南華早報」（English version of South China Morning Post），但是南華早報是沒有中文版的，為什麼要寫是英文版的南華早報呢？而 A 及 B 都說沒有寫 H 呈遞的兩份證人口供呢？是發生了什麼事呢？

經過一輪調查，結果發現原來 H 呈遞的兩份口供是偽造的！H 為了上訴，偽造兩份證人口供呈遞給終審庭，以達到上訴成功的目的！真的是膽大包天！

律政司決定要撥亂反正，聘請金大狀告 H 偽造文件及妨礙公正。金大狀作出開案陳詞。

金：法官閣下，被告由巴西運毒來香港，結果被裁定罪成及被判入獄十八年……H 被控襲擊懲教署人員，在審訊後認罪，判監六個月……被告呈遞兩份偽造的證人口供給終審庭……控方將會傳召在證人列表上的證人，控方將會證明那兩份口供是假的，及 H 做了妨礙司法公正的行為……

H 拼死也不認罪，也不同意案情，金大狀傳召了數十名證人，包括 A、B、醫生、專家證人（證明假口供有多處的問題，例如證人簽名下的虛線也沒有，應該是由真口供影印過去假口供做成的……），金大狀也傳召了其他證人，在舉證完畢之後，H 選擇不作供，因為證人人數眾多，案件持續了數十天。

結果 H 被定罪，一共判刑四年。

H 決定上訴定罪，而律政司也決定上訴刑期。

上訴庭看完證據及聽取雙方陳詞之後，駁回上訴，認為 H 的罪行非常嚴重，加刑至總共六年九個月。

A 大狀的徒弟 Kelvin 問金大狀。

K：師傅，為什麼 H 那麼膽大包天，連終審庭都敢呃呢？

金：H 不是好人，他是超麻煩的罪犯，當然是膽大包天，什麼都敢做啦！

法律小知識

第 200 章《刑事罪行條例》第 73 條使用虛假文書的罪行

任何人知道或相信某虛假文書屬虛假，而使用該文書，意圖誘使另一人接受該文書為真文書，並因接受該文書為真文書而作出或不作某些作為，以致對該另一人或其他人不利，則該名首述的人即屬犯罪，一經循公訴程序定罪，可處監禁 14 年。

第 221 章《刑事訴訟程序條例》第 101I 條可公訴罪行 (包括串謀及煽惑他人犯罪) 的懲罰

(5) 凡任何人被裁定了犯普通法中妨礙司法公正的罪行，該人可在法院的酌情決定下，被處以任何刑期的監禁及任何款額的罰款，但上述監禁及罰款須受根據《區域法院條例》(第 336 章) 或《裁判官條例》(第 227 章) 該法院可依法判處的最高監禁刑期及最高罰款額的限制所規限。

民事官司

22.
小女孩與狗

　　Suky 是一個九歲的小女孩，受到 Mandy 的邀請，去到 Mandy 的家裏玩耍。五名外傭，加上 Suky 及四名小童去到 Mandy 的家裏，客廳內有一隻兩呎半高的大種唐狗 Bobo 被狗帶綁在近梳化處，並沒有戴上口罩。幾個小朋友玩得很開心，一起吃腸仔及意大利粉。之後所有外傭都在廚房清潔或談天，Mandy 及其他小童上了樓上玩，剩下 Suky 在客廳，之後聽到 Suky 的慘叫聲，原來 Suky 的左面被 Bobo 咬了一口！

　　Suky 的父母很生氣，指責 Mandy 的父母沒有採取適當的防範措施。最後決定告 Bobo 的主人，即是 Mandy 的母親丁太，要求傷亡賠償，並找金大狀寫索償書，說丁太把 Bobo 放在一個危險的位置，可能會傷害 Suky；及將 Suky 處於一個危險的位置，及沒有看管或約束 Bobo 以致 Bobo 傷害 Suky。

代表辯方的朱大狀也不是省油的燈，非常有經驗，撰寫答辯書說 Suky 用餅乾、腸仔及意大利粉玩弄 Bobo，令 Bobo 受刺激而咬她，並且提出法律上，狗主是可能不需要負責任，除非：

1. 她明知她的狗隻有襲擊人的傾向；或

2. 有特殊情況令狗主需要負責任。

朱大狀更指出 Bobo 並不屬於法律上的「危險狗隻」類別，丁太不知道 Bobo 會襲擊人，若是一個人自己錯誤地引致狗隻襲擊他，狗主是無需要負責任的！

在審訊當天，金大狀與朱大狀各自作出開案陳詞。之後，金大狀傳召 Suky 作供。

S：那天我去到 Mandy 的家中玩耍……我把一片餅乾餵給 Bobo 食，突然之間，Bobo 咬了我的左臉一下，我覺得很痛，跑入廚房……我的臉上有兩處傷痕，接受了激光除疤手術之後，傷疤淡了很多，但仍是隱約看得見……我有兩至三晚發惡夢，夢見被狗咬，現在還是害怕大狗。

朱大狀盤問 Suky。

朱：你當天有吃腸仔，對嗎？

S：對。

朱：你有吃意大利粉，對嗎？

S：對。

朱：你有用腸仔在引 Bobo，但又不給牠吃？

S：沒有。

朱：你有用意大利粉引 Bobo，但又不給牠吃？

S：沒有。

Mandy 作供說：Bobo 很溫馴……Suky 用腸仔及意大利粉戲弄 Bobo，令 Bobo 不開心及吠叫。之後我上了樓上玩……再之後便見到 Suky 已被咬傷。

金大狀盤問 Mandy。

金：Bobo 是否很溫馴？

M：是。

金：Bobo 有沒有試過咬人？

M：沒有。

金：Bobo 有沒有試過發脾氣，咬爛傢俬？

M：沒有。

金：那麼為什麼要把牠綁在廳內呢？為什麼不讓牠隨意走動呢？

M：哦……啊……可能是綁著比較好一點吧。

金：Suky 真的有用食物戲弄 Bobo？

M：有。

金：你有什麼反應？

M：呀……沒有。

金：Bobo 吠叫時，Suky 有什麼反應？

M：哦……我不記得了。

金：你當時是否覺得 Bobo 不喜歡 Suky？

M：我不知道。

金：既然 Suky 有戲弄 Bobo，而 Bobo 又有吠叫，你為什麼讓 Suky 留在客廳對著 Bobo？

M：因為我想上樓上玩耍。

金：Suky 沒有戲弄 Bobo。

M：我不同意。

朱大狀作出結案陳詞說：Bobo 是溫馴的狗，沒有咬過人，不是法律上的「危險狗隻」，是 Suky 戲弄 Bobo，引致 Bobo 咬她，所以狗主無需負責。

金大狀作出結案陳詞說：狗主將 Bobo 與小孩放在一起，沒有成人看管 Suky 及狗隻，而 Bobo 之前沒有見過 Suky，有咬 Suky 的危機，而狗主沒有採取任何措施去防止今次意外發生，所以要負責。

法官作出裁決：Suky 的證供誠實可靠⋯⋯本席接納 Suky 的證供，Mandy 的口供並不可信，被盤問時有動搖⋯⋯本席不接納 Mandy 的證供⋯⋯將 Suky 與 Bobo 擺在一起，是有 Bobo 會咬 Suky 的危險，而丁太沒有採取任何預防措施，所以本席裁定丁太要負責任賠償，痛苦受苦及喪失生活樂趣八萬元，醫院費用四萬元，門診費用二萬元，交通費三千五百元，補品費用二千元，合共十四萬五千五百元。

金大狀的學生 Kenis 在庭外問金大狀。

K：師傅，若果我在街上摸一隻陌生的狗被咬，是否可獲賠償呢？

金：哈哈，你再看一看在法庭上的陳詞吧，這隻的狗是否有咬人的紀錄呢？是否被列為「危險狗隻」呢？你有沒有錯誤地引致那隻狗咬傷你呢？狗主有沒有做合適的預防措施呢？

法律小知識

第 167 章《貓狗條例》第 5 條危險狗隻

(1) 如裁判官在接獲申訴後，覺得任何狗隻有危險性而沒有受有效控制，裁判官可作出命令，規定該狗隻須予毀滅或有效控制。

(2) 該命令可針對任何屬畜養人的人而作出。

(3) 如該命令所針對的人沒有遵從該命令，可按他沒有遵從該命令的日數，處以罰款每日 $500。

23.
互相禁制令

陳先生找金大狀開會。

陳：我現在新居是獨立屋，你都知道我是非常注重私隱的人，誰知，我入伙不久，我的鄰居也開始裝修準備入伙，他居然在他的物業四周安裝了十幾部閉路電視，我數過一共有十六部之多，還有幾部對正我家十八歲寶貝女兒的房間窗戶，令我女兒長期關閉窗簾，擔心被人偷窺，我禮貌地要求對方拆卸那些有機會影到我家的閉路電視，但對方不但不肯而且態度還非常惡劣，聲稱我們一家不是什麼名人明星，沒有資格擔心被人偷窺。

我一怒之下請了一些裝修師傅幫我安裝了一些強力射燈對準我鄰居那幾部懷疑影到我屋企的閉路電視，令對方的閉路電視不能影到我的家。

之後我就收到我的鄰居的法庭傳票。他向高等法院申請禁制令，禁制我使用射燈照向他家，還聲稱因為我的射燈令他們不能居住在那裏，而要入住五星級大酒店，並且向我索償住酒店的費用和交通費及其他各項開支。他們根本未裝修好從未入伙，怎麼可以向我作出這樣無理的申索。

我還聽說，對方聘請的律師團隊單單是這個禁制令申請都花了超過七十萬，對方向我申索這個訟費。如果連同對方向我索償住酒店的費用和交通費及其他各項開支合共至少二百多萬，還未計算我自己聘請律師的費用。

明明就是我的鄰居安裝閉路電視侵犯我家的私隱，現在還告我，實在是太過分了！

金：聽你這樣說，你的鄰居確實太不講理。安裝這麼多閉路電視又聘請律師團隊向法庭申請禁制令實在花費不少。

金：法律是公義的，既然對方向法庭申請禁制令禁止你用射燈，你也可以向法庭申請禁制令禁止他用閉路電視影你的家。

陳：非常好的提議，我們就這樣決定吧！

金：但你要注意，法庭有機會要求你拆卸射燈。

陳：我的女兒已經去了外國讀書，所以我較早前已經把射燈拆卸了。

審訊當天

金大狀盤問申訴人周先生。

金：你是否在家的四周安裝了閉路電視？

周：是。

金：一共安裝了多少部？

周：十六部。

金：為何要安裝這麼多部閉路電視？

周：防盜。

金：每一部閉路電視都能夠影到三百六十度？

周：是，毫無死角。

金：既然每一部都能夠影到三百六十度，同一方向相隔幾米安裝一部的意義何在？

周：安多幾部令我安心。

金：即是有一些閉路電視的影像是重複的。

周：是。

金：你是否承認有些閉路電視是多餘的？

周：啊……呀……不承認。

金：但你剛剛說它們的影像是重複的。

周：以防一部壞了還有其他可以運作。

金：這也不需要四、五部同一方向吧！

周：……這個……這個……總之令我更安心（不知怎樣回答）。

金：你是否承認閉路電視五號和閉路電視六號能透過答辯人的窗戶影到答辯人屋內？

周：我的所有閉路電視是三百六十度的，影到隔離屋非常平常。

金：你的閉路電視是否有紀錄功能？

周：當然有。

金：即是你的閉路電視能夠紀錄答辯人在家中的生活情況。

周：見到又怎樣，如果他們沒有做壞事，怕什麼別人影到。

官：（忍不住發問）那麼申訴人，如果有人同樣用閉路電視影著你和家人的日常生活，你也同意？

周：……（默言，沒有回應法官）

官：（搖頭）……說：任何人都希望享有私人的生活空間，申訴人你這樣用閉路電視錄影鄰居的生活情況，你不認為是侵犯了別人的私隱嗎？

周：……他們又不是明星怕什麼……（越說越細聲開始知道自己理虧）

官：被告人用強力射燈照射鄰居作為報復，並不是一件可取的事。但本席諒解你這樣做的原因。

金：法官閣下，被告人已經於較早前拆卸了所有射燈。

官：哪個時候拆卸的？

金：大約在兩個星期前。

官：本席考慮了整個案情，由於被告人已經拆卸了射燈，所以本席認為原告人的禁制令不適用，鑒於雙方都向法庭申請禁制令，本席建議雙方向法庭作出承諾，申訴人對那些對準答辯人家的閉路電視，即是閉路電視五號和六號，進行調校角度並且承諾不再影到答辯人家中，而答辯人承諾不再安裝射燈射向申訴人家。現在休庭，讓雙方考慮是否同意向法庭作出承諾以取代法庭頒布禁制令。

本席提醒各方，由於雙方是鄰居，應該盡量避免惡性關係，大家應該互相遷就才可以和睦共處，本席不希望雙方就這件事再繼續爭拗。

休庭期間

金：陳老闆你都清楚明白法官的意思，你是否同意法官的建議？即是你向法庭承諾不再安裝射燈照射對方，如果你違反法庭承諾，刑罰會等同違反禁制令的。

陳：沒有問題，反正射燈我已經拆了。

再開庭

金：法官閣下，答辯人同意向法庭作出承諾，並且明白違反承諾的刑罰等同違反禁制令。

官：由於雙方同意向法庭作出承諾，本席宣判雙方向法庭作出承諾以代替法庭頒布禁制令。如果任何一方違反承諾，法庭將會嚴懲。另外，有關訟費方面，由於雙方都向法庭申請禁制令，本席考慮到雙方有各自的原因及不足之處，本席判不就訟費作出任何命令，即是雙方各自承擔自己的律師費。

在法庭外

陳：非常感謝金大狀建議我向對方申請禁制令，否則，我都知自己一怒之下做得不太好，法官會要我支付對方申請禁制令的訟費。如果我沒有諮詢你意見，我一定不懂這樣的對策，到時候我可能至少要賠償對方七十多萬申請禁制令的律師費，真是有理難伸，含冤受屈。

金：不要客氣，最重要是幫到你。

法律小知識

有時候向法庭作出承諾可以代替法庭頒布禁制令，但違反向法庭作出承諾的刑罰等同於違反禁制令。所以一旦向法庭作出任何承諾，必須要嚴格遵守。

24.
公司被襲擊

明仔：金大狀，我間公司中招了。

金：全公司都中了新冠肺炎？

明仔：不是。

金：那麼中了什麼招？

明仔：我間公司被假電郵詐騙了。公司的會計收到供應商的電郵，說他們改了收款戶口，於是會計便根據電郵將六十萬美金貨款轉到新的戶口。誰知，過了幾天，會計收到供應商電話追貨款。供應商表示沒有改戶口，亦從來沒有出過任何相關電郵。不知道誰發假電郵，請問有沒有辦法幫我們？

金：你立即找甘律師轉聘我，我們一齊開會想辦法吧。要快！

甘律師安排了一個緊急會議。

金：這種騙案，非常多，你帶齊所有相關電郵、入數紀錄……

等等。我們陪你去報警，並要求警方立即凍結該收了款項的戶口。

一行人等立即到警局報案。

明仔：金大狀，我們已經報了案，警方只可以暫時凍結那個戶口，並叫我們盡快用民事訴訟方式處理。我們下一步應該做什麼呢？我查不到是誰人發詐騙電郵。

金：查不到是誰人發詐騙電郵也沒有問題，最重要是要取回金錢。

明仔：但我找不到發詐騙電郵的人，我們可以告哪一個呢？

金：我們可以告收款戶口的持有人。

明仔：我聽警察講應該是一間公司。

金：冇問題，我們可以幫你做公司查冊，告該公司。

明仔：如果那間公司不處理這個訴訟又不答辯呢？

金：如果那間公司不作出任何回應，我們可以向法庭申請對方缺席判決。

明仔：拿到判決之後，法庭就會把錢退給我？

金：當然不是法庭給你，我們可以向法庭申請要求銀行由該戶口退回相應金額的錢給你。

明仔：現在我明白了，多謝你們的幫忙。

法律小知識

如果收到任何有關更改收款戶口的電郵，最好先打電話給對方確認。如果不幸被騙，最緊要盡快報警，並要求警方把該戶口凍結。

25.
有蟲的口罩

李老闆：金大狀，我好激氣，有件事，你一定要幫我。

金：沒有問題，但你要先找姚律師然後才可以轉聘我。

李老闆：好的，我會立刻去找姚律師和你約時間開會。

姚律師安排李老闆和金大狀開會。

李老闆：我是做口罩生意的，較早前我向一間供應商購入一批口罩，但是口罩質量嚴重有問題，口罩有很多像芝麻大小的黑色小蟲！我和員工 A 都有立即拍照片，然後我叫員工 A 打電話給供應商，叫供應商立即派人收回那批有問題的口罩。之後員工 A 告訴我，供應商那邊的職員阿美立即道歉，並且很快便派人收回那批口罩。

金：很好，問題在哪裏？

李老闆：之後供應商不斷問我追貨款，由於那批口罩他們已經收回了，所以我沒有支付貨款。我昨天收到法庭傳票，供應商拿了

我當初簽收貨物的單據告我沒有支付貨款。由於他們收回那批口罩的時候並沒有簽任何文件。我不知道如何提出證據反駁！

金：我們研究一下吧。

審訊當天，金大狀盤問原告人王先生。

金：你確定被告公司收了那批口罩？

王：我確定。

金：你如何確定？

王：我有他們公司的簽收單。

金：你公司平時是否用洪記運輸來運貨？

王：是。

金：平時由你負責聯絡洪記？

王：不是。

金：你是不是有個員工叫做阿美？

王：是。

金：你員工阿美當時負責聯絡洪記運輸？

王：是。

金：阿美在你公司任職了多久？

王：大約兩年零三個月。

金：你認為阿美的工作表現如何？

王：不好，所以我已經開除了她。

金：你說阿美的工作表現不好，為什麼你聘用她超過兩年？

王：我盡量都不想開除員工。

金：你是哪個時候開除阿美的？本案事發前還是事發後？

王：大約五月的時候。

金：即是事發後？

王：是。

金：是不是員工有任何事都一定會向你匯報？

王：是。

金：包括阿美？

王：是。

金：阿美有沒有向你匯報有關收回被告人那批口罩的事？

王：沒有。

金：你是否因為這件事所以開除阿美？

王：不是。

金：那麼你為什麼開除阿美？

王：因為她工作表現欠佳。

金：你覺得阿美就本案的事情處理得不好？

王：是。

金：你是不是在本案件發生後才發現阿美已經把貨物收回？

王：是。

金：是不是阿美未有得你批准，便自己決定收回貨物，所以你覺得她處理不當？

王：是，所以回收口罩，不關我公司事，因為沒有我的批准。

金：阿美代表你的公司回收了口罩，所以答辯人的公司無需付錢。

王：不同意。

金大狀傳召李老闆的員工 A。

金：事發當日是不是你打電話給供應商要求對方派人收回那些口罩？

Ａ：是。

金：與你對話的人是不是供應商的員工阿美？

Ａ：是。

金：你有沒有告訴阿美退貨的原因？

Ａ：有。那些口罩有蟲，我們不能出售。

金：事發當日你在場嗎？

Ａ：我和我老闆李先生都在場。

金：你有沒有見到那一批有問題的口罩？

Ａ：有，我還用手機拍下相片。

金：你打電話給阿美，叫她取回那批口罩的時候，阿美怎樣回應？

Ａ：她說會安排回收貨物。

金：大約隔了多久他們才把貨物回收？

Ａ：大約三個小時後。

金：回收貨物的搬運公司是不是洪記運輸？

Ａ：是的。

金：你怎樣確定是洪記運輸？

Ａ：他們的貨車車身有很大個用紅色油漆寫明洪記運輸的字樣。

金：你怎樣知道洪記是代表原告人回收貨物？

Ａ：我當時有打電話給阿美叫她回收貨物。阿美後來告訴我已經派了洪記運輸來回收貨物。

原告人王先生沒有律師代表，自己盤問 Ａ。

王：有關回收口罩的事，你有沒有和阿美的老闆聯絡？

Ａ：沒有。

王：你並不知道阿美的老闆是否批准回收口罩，對嗎？

A：哦，我不知道。

金大狀作出結案陳詞：阿美是王先生的員工，她代表王先生同意回收口罩，所以答辯人無需為該批口罩付款。

王先生作出結案陳詞：我並沒有批准阿美回收口罩，所以阿美是沒有權去回收口罩，而且我也沒有見過被回收的口罩，我的公司根本沒有回收那批口罩，所以答辯公司要付款。

法庭作出裁決：貨物已經被收回，被告人沒有收取貨物。所以不需要繳付貨款。就算是原告人的員工阿美未得到公司批准代表公司收回貨物，公司是需要就員工阿美的行為付上相應的責任。所以本席宣判原告人的申索不成立。

金大狀的徒弟 Ivy 問金大狀。

I：師傅，原告人的案件明顯是沒有道理，為什麼原告人還是堅持要告呢？

金：有些人便是這樣的，堅持己見，不聽人勸，往往是碰壁收場。

法律小知識

員工在工作上犯錯，公司是要為員工的行為負上法律責任，就算員工已經離職，該員工在職時的錯失，公司都需要負上責任的。若果真的是員工犯錯，公司亦可以之後向該員工索償。

26.
求學變被告？！

小明約了姚律師和金大狀開會。

小明：姚律師、金大狀，你們好。事情是這樣的：我大約在幾個月前報讀了某一間教育中心的三個網上有關金融的證書課程。三個課程的開始時間大約相隔兩個星期。

每個課程均有十堂。第一個課程我只上了兩堂。之後，我便開始收到教育中心的律師信，控告我把網上課程的帳戶給了其他人使用，並且把課程資料放在網上銷售。然後他們把我的網上帳戶封鎖了。

我根本沒有這樣做，我原本認為是一場誤會，所以並沒有認真回應他們，我只是簡單的說我沒有這樣做，之後我便不斷用電郵和電話催促他們快些把我的網上帳戶解封。

後來，我不斷收到他們的律師信要我回覆。我認為他們實在太無聊，所以我沒有浪費時間寫信給他們。我打電話給教育中心，打算在電話中和他們說清楚。誰知他們不但沒有聽我的解釋，而且態度還非常強硬，說他們已把這件事交由律師處理，叫我回覆他們的律師。

　　於是，我根據律師信的資料，打電話給律師行打算向律師解釋。他們的律師告訴我要書面回答他們，或者聘請律師回覆他們的律師信。

　　我當時認為只是一場誤會，不需要聘請律師處理，所以我在網上找了那位律師的電郵，然後簡單的回覆了我並沒有做過教育中心所指控的事。他回覆了我的電郵說請我以書信的方式回應他們。

　　於是，我自己寫了一封信給那間律師行說我沒有做教育中心所指控的事。

　　之後，我繼續收到他們的律師信，律師信還附有他們電腦列印出來的電腦數據，指控我在不同的地方登入網上課程。他們其中一個例子是：根據他們的電腦數據顯示我在荃灣登入他們的網上課程，而在三分鐘後在中環再登入他們的電腦課程。所以他們指控我把帳戶給了他人使用。

　　他們也列印了一些網上銷售有關他們課程的資料，說是我把資料放在網上銷售！

　　我看完這些資料之後覺得簡直是莫名其妙。

　　第一，我從來沒有把我的網上帳戶給過任何人。第二，有關他們列印出來的網上銷售資料，根本沒有任何證明是我把那些資料放上網的。況且，我只上了其中一個課程的頭兩堂，我根本不會有那

些網上正在銷售的資料。所以根本不可能冤枉我在網上銷售他們的課程。

其實我對電腦都非常熟悉，我明白他們為什麼說我在荃灣登入，而三分鐘後再在中環登入。原因是，我家裏有電腦，自己又有手提電腦，又有 iPad，有時我還會用手提電話登入。

如果我用手提電話登入，他們見到的網絡地址便會根據我手提電話的終端輸出站輸出網絡地址。我現在手提電話卡是用中國移動的，他們其中一個網絡終端站在荃灣。所以就算我身在中環家中，如果我用手提電話登入，他們可能見到我的網絡地址是在荃灣。

我估計我當時應該是首先用手提電話登入了，然後改變主意想用家中電腦，所以才出現他們指控的情況。

我收到他們第七封律師信的時候，我都有詳細解釋我的見解。但他們沒有理會我。現在還出了傳票告我，要我賠償他們的損失，及名譽上損失。我至今連銀碼是多少我都不知道了。

我覺得整件事簡直是匪夷所思，我都不知道現在怎樣做才好。請姚律師和金大狀幫下我。

金：有關網上銷售這一點，我就你所提供的文件，我都認為他們非常不合理而且沒有足夠的證據向你作出相關指控。但有關手提電話終端機的這個解釋，你有什麼文件可以證明？如果沒有文件作出反駁，未必可以對案件有關鍵性的幫助。

小明：那麼我如何得到相關文件證明？

金：我建議你先找電腦專家，做一份報告支持你的說法。

小明：好的，我會立即去找相關電腦專家。

金：我建議你有專家報告後發一份副本給我們，然後我們再做

抗辯書。我到時還可能會幫你寫一份反申索書，就你所繳交的學費而並未有上過課的課程向他們作出反申索。

小明：知道。

電腦專家報告已經完成。

小明：姚律師、金大狀，非常感謝你們的意見。專家報告已經有了，專家報告非常詳盡，正確地反映了我之前的見解，還有很多專業的電腦數據支持這個說法。

金：非常好！姚律師已經於較早前把這份專家報告發了給我看，有了這份專家報告，如果對方要反駁，相信亦需要做一份專家報告才可以反駁我們。我已經準備了抗辯書連同我們的反申索書。你看看是否同意？

小明：非常好，抗辯書充分地反映了我的意思。反申索的金額亦正確無誤。

遞交了抗辯和反申索書後。

姚：對方要求我們提供專家報告的副本，我們提供了之後他們現在要求我們做調解。小明，不如做調解吧。

小明：姚律師，請問什麼是調解？

姚：即是你們委任一位調解員作為一個中間人，約定一個日期和你們會面，希望可以把這件事在法庭以外作出圓滿的解決。你們可以面對面作出討論，如果你不想見到對方，可以向調解員提出，調解員會配合的。

小明：我從來沒有做過調解，我有些擔心和緊張，可以聘請姚律師和金大狀和我一同去做調解嗎？

姚：可以，我會問一下金大狀的日程表，看看他哪個時候可以和我們一起去做調解。

調解圓滿結束，對方答應撤銷控訴而且還會把小明未上課的學費退回。

小明：非常感謝姚律師和金大狀幫我完成這個調解，如果我單獨自己一個，真的不知道怎樣才好。我到現在都覺得整件事匪夷所思，簡直好像是一場惡夢。我突然被人告，然後又肯和解並且退回學費給我。

金：因為對方看了我們的抗辯書及專家報告，認為他們的勝數機會非常微，所以決定不再繼續，而且這麼快肯賠償和撤銷控訴。

小明：幸好有你們幫我渡過了這場無妄之災，還我清白。如果要我賠償給他們，金額可能會非常大，那麼我就真是冤枉了。

法律小知識

在香港的民事案件中，可以透過「調解」去達成和解，由雙方聘請一位調解員，通常費用是由雙方平均支付。

在進行「調解」的會議上，雙方都可以發言，調解員會聽及分析雙方的想法、強項及弱點，嘗試找出一個雙方都可以接受的方案，由雙方去作出最後決定是否和解，而調解的內容及過程是保密的。若是調解不成功，不會影響將來的審訊。

27.
消失的鞋子

胡女士買了一層環境優美的樓宇，非常滿意，可是在四個月之後，前業主木女士卻回來對胡女士說：我搬屋時遺留了五十對名貴的鞋子，你有沒有看到？

胡：沒有啊。

木：是放在樓梯的櫃子裏，是很值錢的……

胡女士及木女士因此而爭吵，最後木女士更將此事告上法庭，說失去五十對心愛的名貴鞋子，總值起碼是三十萬港元，要胡女士賠償！胡女士連忙找金大狀幫忙答辯。金大狀與胡女士開會及撰寫答辯書及證人口供。後來案件終於在法庭開審。在雙方的開案陳詞之後，木女士作供，採納她的證人口供作為案中的證據。

木：我將層樓賣給了胡女士，在她第一次來睇樓時，我有打開鞋櫃，給她看我珍藏的名貴鞋子，約五十對，有 Gucci 的鞋子，也

有……交樓時我忘記搬走這些鞋子……跟著我去了旅行，四個月之後回到香港，才記起遺留了那些鞋子在鞋櫃內……我叫業主立案法團主席替我看過，他說櫃內沒有鞋子……胡女士說沒有拿過我的鞋子……後來我們吵架，她有問我穿鞋子的尺寸……她很憤怒，她說已經叫工人將鞋子捐了去救世軍……這些鞋子總值約三十萬港元……我希望獲得賠償……

金大狀盤問木女士。

金：你是否時常都有睇你櫃內的鞋子，還是幾個月才睇一次？

木：幾個月才睇一次。

金：在胡女士第一次去睇樓時，你並沒有叫她看鞋櫃內的鞋子，對嗎？

木：不對。

金：為什麼要叫胡女士看那些鞋子呢？

木：啊，因為我想炫耀一下我的名貴鞋子。

金：你的住所並沒有電梯或升降機，對嗎？

木：對。

金：你的鞋櫃是擺在樓梯轉彎位的平台上，對嗎？

木：對。

金：其他住客用樓梯時也會經過你的鞋櫃，對嗎？

木：應該是。

金：在搬屋時，為什麼你沒有將鞋子搬走呢？

木：我已經叫工人將鞋子裝箱搬走，但她沒有這樣做。

金：為什麼呢？

木：可能是她聽錯了。

金：你幾時才第一次發現鞋子不見了？

木：在搬屋之後兩個月。

金：鞋子可能被你的工人拿走了，對嗎？

木：不會的……

金：鞋櫃擺在樓梯上，裏面的鞋子可能被其他住客拿走了，對嗎？

木：不會的，從來沒有人偷我的鞋子。

金：你的鞋子在幾時不見了，你也不知道，是嗎？

木：是搬屋之後不見了。

金：是搬屋之後多久不見了？

木：啊……呀……哦……我……不知道。我肯定是胡女士拿走的，因為她對我說她將我的鞋子全部拿去捐給救世軍。

金：這些對話是你捏造出來的。

木：（滿面通紅，發音有點嘶啞）不是捏造，肯定是她偷了我的鞋子，價值三十萬元。

金：我向你指出你失去鞋子，並不關胡女士的事。

木：不同意，是她拿了我的鞋子。

胡女士作供說收樓之後便裝修，沒有檢查鞋櫃，裝修完之後，便搬入去住，沒有見過木女士的鞋子，也沒有說將鞋子拿去捐給救世軍。

代表木女士的何大律師盤問胡女士。

何：收樓之後，你有沒有檢查木女士的鞋櫃？

胡：沒有。

何：為什麼你不檢查鞋櫃的裏面？

胡：我沒有興趣，也沒有想過。

何：你有買新的鞋櫃嗎？還是沿用木女士的鞋櫃？

胡：我沿用木女士的鞋櫃。

何：你既然要沿用木女士的鞋櫃，為什麼你不先檢查一下？

胡：我當時沒有想過。

何：你的裝修工人有沒有告訴你的鞋櫃內有鞋？

胡：沒有。

何：木女士的鞋子不見了，你知道在哪裏嗎？

胡：不知道。

何：你和木女士曾經因為鞋子而吵架？

胡：對，她很煩。

何：你說已經將鞋子捐了去救世軍。

胡：沒有，是她作出來的。

金大狀作出結案陳詞：木女士不能證明鞋子是胡女士拿走了。木女士的證供顯示出鞋子可能被工人拿走了，可能被其他住客拿走了，也可能被裝修工人拿走了……被告胡女士並沒有說將鞋子捐給救世軍，否則當時會有很大的爭吵，當時的對話，不會就此完結……

何大狀作出結案陳詞：木女士真的不見了鞋子，這點是不能爭議的事實。胡女士同意接收了樓宇及鞋櫃，而鞋櫃內是應該有鞋子的，所以胡女士要負責……而且胡女士說她已經將鞋子捐給救世軍，因為這些鞋子並不是胡女士的財產，她沒有權這樣做，她要負責……

法官接納金大狀的陳詞，並裁定胡女士並沒有說已經將鞋子捐給救世軍，裁定木女士敗訴，並要支付堂費。

金大狀的徒弟多娜在庭外問：師傅，木女士的案件證據很弱，為什麼還要告胡女士？

金：這個世界便是這樣的，有一些人對某些事有情意結，不容易就此罷手，一定要去法庭解決，結果當然是有幸有不幸。

法律小知識

在香港任何人都可以用民事方式控告其他人，民事案件通常只關乎錢銀，或是禁制令，不是刑事檢控，民事案件的原告人要證明他的投訴成立，才可以勝訴，而證明的標準是相對可能性（on balance of probabilities）。敗訴的一方，要付自己的律師費，及付對方的律師費。

28.
討回公道

　　阿華的母親李女士因為中風、糖尿病、高血壓及心臟問題入了醫院,行動不便,長期臥床,身體容易長出壓瘡。阿華後來收到了X護老院的傳單,上面說會提供完善的服務,包括提供氣墊床褥,時常轉身,防止有壓瘡的出現,阿華和X護老院的負責人商討之後,決定將母親送去X護老院住。

　　阿華非常孝順,每天都去X護老院探母親三至四小時,但是他只親眼看見X護老院員工轉動母親的身體兩次,而且X護老院並沒有提供氣墊床褥。X護老院的員工沒有定時清理母親的排洩物,即使衣服濕透,亦無人替其更換,阿華作出投訴,但都沒有改善。入住了X護老院之後,母親李女士身體變差,壓瘡越來越多,在入住了X護老院五個星期之後,母親發高燒,被送去了醫院,後來死於「敗血病」!

因為母親去世，阿華去 X 護老院作出投訴，但是 X 護老院要求他息事寧人，態度惡劣，阿華心有不甘，希望取回公道。

阿華經律師樓轉聘金大狀幫忙。

金：你想告 X 護老院的基礎是什麼呢？

華：因為 X 護老院疏忽照顧，沒有定時為我母親轉身，令她身上長出壓瘡，引致敗血病死亡。

金：我們嘗試找一位專家證人去證明是 X 護老院的疏忽吧。

後來找到余醫生作出一份詳細的專家意見去證明 X 護老院的疏忽，金大狀為阿華撰寫索償書，告 X 護老院要求賠償，而 X 護老院作出答辯說是李女士自己身體有問題，不關 X 護老院的事。

在審訊當天，金大狀呈遞了余醫生撰寫的專家意見，重點如下：

(1) 李女士的內在因素使她較容易有壓瘡；

(2) 在十月十六日，即李女士出院前一天，醫院的醫護人員親自填寫《安老院住客體格檢驗報告書》，證實李女士能夠出院。當時紀錄顯示李女士除耳上長有輕微壓瘡外，身上並沒長有其它壓瘡；

(3) 李女士入住 X 護老院兩日後，即十月十九日，社康護理服務人員探訪李女士的紀錄上並沒顯示有任何壓瘡長在李女士身上；

(4) 李女士入住 X 護老院三日後，即二零零九年十月二十日，醫院的社區老人小組服務人員探訪李女士。他們的探訪報告亦無提及李女士有任何壓瘡；

(5) 該社區老人小組為李女士進行壓瘡測試，結果為五分（滿分為二十分），即李女士長出壓瘡的可能性頗大。社區老人小組向 X 護老院提出建議如何預防壓瘡；

(6) 李女士入住 X 護老院五日後，即十月二十二日，X 護老院的《護理紀錄》顯示李女士的左腳踝、骶骨及手臂位置長出壓瘡；

(7) 醫學上，雖然壓瘡的生長並不能百分百阻止，但透過適當的照料（如定時每兩小時轉身一次）能夠避免壓瘡的出現；

(8) 據醫院病人出院紀錄及社區老人小組的資料顯示，李女士身上長有壓瘡的風險頗高；因此，照顧李女士的護理人員應採取措施預防壓瘡出現及生長；

(9) X 護老院的預防壓瘡措施做得不足，未能為李女士成功預防壓瘡及令壓瘡盡快消退；

(10) 李女士的壓瘡隨著其住在 X 護老院的日子漸長而漸趨嚴重；

(11) 李女士的血液樣本在種菌測試時驗出頭癬葡萄球菌。李女士致死原因源於壓瘡受到頭癬葡萄球菌感染；

(12) 雖然李女士的糖尿、高血壓、中風及心臟病問題會減少她的壽命，但致命的原因是與 Staphylococcus capitis septicaemia（頭癬葡萄球菌感染敗血病）有關。死因則可歸咎於壓瘡的生長。

跟著阿華作供說他每天都去探母親三至四小時，但是只有見過 X 護老院的員工為母親轉身兩次，而 X 護老院也沒有提供氣墊床褥。

胡女士是 X 護老院的東主，她親自上庭答辯，並盤問阿華。

胡：你是因為貪錢才告我們。

華：不是為錢，我們只是想討回公道。

胡：你阿媽本來多病痛，她的死與我們無關。

華：是你們疏忽照顧所以我母親生壓瘡，引致敗血病而死。

胡女士上庭作供，說 X 護老院有每兩小時為李女士轉身一次，亦沒有疏忽，並呈遞一份「轉身紀錄」。金大狀盤問胡女士。

　　金：是誰人去為李女士轉身？

　　胡：張姑娘和丁姑娘。

　　金：紀錄上這兩位姑娘在李女士入住的五個星期每天都工作二十四小時，從未放假，怎麼有可能呢？

　　胡：啊……這個我也不知道，你去問她們吧。

　　金：五個星期的紀錄也是用同一支筆，同一個字跡寫出來的，為什麼？

　　胡：啊……我不知道，不是我寫的。

　　金：紀錄是每天由凌晨開始，每兩小時都有轉身是嗎？

　　胡：是。

　　金：在十月十七日下午李女士才入住 X 護老院，為什麼紀錄和其他日子一樣，在凌晨開始已經為李女士每兩小時轉身一次呢？

　　胡：啊……這個我也不知道，不是我寫的。

　　金：這個轉身紀錄，是你事後製造出來的，是假的。

　　胡：啊……不是。

　　雙方舉證完畢之後，胡女士作出結案陳詞，說李女士的死不關 X 護老院的事，金大狀作出結案陳詞說李女士的死是因為 X 護老院的員工沒有定時每兩小時為李女士轉身一次，令她有壓瘡，引致敗血病而死。

法庭接納原告方面的證供及陳詞，裁定胡女士要賠償的金額如下：

(1) 痛苦，受苦，喪失生活樂：港幣十八萬元

(2) 喪親之痛：港幣十五萬元

(3) 安葬／殯殮費：港幣二十萬元

合共：港幣五十三萬元

阿華向金大狀致謝。

華：多謝你幫我們討回公道。

金：不要客氣，事情終於水落石出了。

法律小知識

在香港的法庭可以索償的金錢如下：

(a) 小額錢債審裁處	$75,000 或以下
(b) 區域法院	$3,000,000 或以下
(c) 原訟庭	無上限

29.
僱員的迷思

阿強：金大狀，你好！有些有關勞資糾紛上的問題想請教你。

金：你已經入紙去勞資審裁處告你的前僱主？

阿強：是的，聽聞勞資審裁處是不可以聘請律師或大律師代表我的，是真的嗎？

金：真的，但是可以向律師或大律師索取法律意見。

阿強：我的僱員合約，寫明我的佣金計算方法，只要我為公司做到生意，每一單生意我可以抽取 15% 的佣金。我可以在每個季度向公司遞交一份我自己填寫好的佣金申請表，然後連同每一單生意客戶付款後的帳單副本，申請我的佣金。通常我申請佣金後一個月內公司會發放佣金給我。我離職前一個月已經遞交了我的佣金申請，我離職的時候，有向公司的財務部詢問過，他們說稍後會再聯絡我。

我離職後一個月仍然未收到我的佣金，我再次電郵給公司的財務部，他們叫我聯絡公司的其中一個老闆。於是我便出電郵給他。

之後他一直都說在處理中，跟著拖了幾個月都沒有消息，我知道公司業績不是太好，我寫電郵給那位老闆，問公司是否財務上有問題所以未能支付我的佣金呢。我心裏打算分期付款都可以接受。誰知該老闆居然回覆電郵，說我誹謗公司，還說會告我，要將我的佣金沒收作為將來的賠償。我想問他們有權這樣做嗎？

金：你是有理由相信公司的財政狀況不理想，對嗎？另外你提出這點的對象是公司的其中一個老闆而不是其他人，而且你的電郵用語只不過是詢問性質，所以不構成誹謗。他們無權沒收你的佣金。

阿強：我現在對你這樣說是否已經變成誹謗了？

金：諮詢法律意見不構成誹謗。

阿強：那麼我可以繼續經勞資審裁處追討我的佣金。

金：這是《僱傭條例》，第 23 條，應該可以幫到你。

阿強：謝謝。

過了幾個月，金大狀的枱面多了一盒朱古力，原來是阿強索償成功，對金大狀聊表謝意。

法律小知識

第 57 章《僱傭條例》第 23 條工資的支付日期

工資在工資期最後一天完結時即到期支付，須在切實可行範圍內盡快支付，但在任何情況下不得遲於工資期屆滿後 7 天支付。

暫委法官

30.
困獸鬥

余先生被告「普通襲擊」及「刑事恐嚇」罪，控方指余先生在辦公室內大聲向一名同事朱先生的耳邊大叫，引致朱先生耳鳴（普通襲擊）及說「信唔信我打你吖嘛？」（刑事恐嚇），而金大狀剛巧是該案的暫委法官。

朱先生作供指出被告上述的行為，並提供一段錄音，證明上述的事情的確有發生過。

余先生的辯方大律師何大狀盤問證人朱先生。

何：你們時常在辦公室內爭吵？

朱：是。

何：事發時，你用粗言穢語罵被告？

朱：沒有。

何：你完全沒有罵被告？

朱：啊……呀……應該沒有。

何：被告說你是「大笨蛋」，之後你有什麼反應？

朱：啊……呀……沒有反應。

何：你不憤怒嗎？

金：不憤怒。

何：為什麼他說你是「大笨蛋」你也不憤怒？

朱：啊……呀……已經習以為常。

何：你提供的錄音帶在被告罵你是「大笨蛋」之後，突然中斷，是為什麼？

朱：啊……呀……我也不知道。

何：因為這錄音帶是經過剪接的。

朱：沒有。

何：錄音帶中有一名女士說「唔好嘈啦」，是一名女同事說的？

朱：是。

何：你和被告時常吵架？

朱：可以這樣說。

何：你說被告在你耳邊大叫「正衰人」引致你耳鳴，是嗎？

朱：是。

何：在錄音帶內顯示，在被告說你是「正衰人」之後，你默不作聲，沒有特別反應，是嗎？

朱：啊……呀……可以這樣說。

何：因為你根本沒有因此而耳鳴。

朱：不同意，我當時只是在觀察環境。

何：當時你是在辦公室內？

朱：是。

何：你已經是很熟悉辦公室內的環境，對嗎？

朱：應該是。

何：那麼為什麼還要「觀察環境」呢？

朱：啊……呀……我也不知道。

何：在錄音內你不斷叫被告「快啲走啦」。

朱：是。

何：你也有「打呵欠」？

朱：是。

何：所以當時你根本是不害怕。

朱：啊……呀……我當然是不怕他的。

　　被告選擇不作供，何大狀作出結案陳詞指出事主朱先生上述證據中不可信之處。

　　金法官作出裁決：……根據被告及事主同事的反應，兩人在辦公室內互相大聲呼喝已經是習以為常之事，……事主作供的態度迴避，並不是可依靠的證人，他向法庭提供的案發手機錄音片段，明顯有剪接的痕跡……事主聲稱在被告大聲呼喝後出現耳鳴，但根據錄音，事主遭被告呼喝後默不作聲。本席不認為是受傷後的表現，至於事主說是因為當時在觀察環境，本席認為這只是他自圓其說的講法，……錄音中有一名女同事的聲音，她曾介入兩人的爭執，但沒有制止他們。根據她的語氣和態度，本席相信該女同事早已習慣他們互相呼喝……被告對事主說：「你信唔信我打你呀嗱？」有可能只是出於衝動，並非存心恐嚇事主，至於事主聲稱被恐嚇，但之

後仍多次挑釁對方，又故意在被告面前打呵欠，反映出他根本沒有受驚，本席裁定兩項罪名都不成立。

何大狀為被告申請堂費，因為控罪不成立。

主控反對，因為被告「自招嫌疑」。

金法官：本席拒絕被告堂費的申請，因為被告是行為不恰當，而且自招嫌疑。

事後金法官的書記 Connie 說：金法官，為什麼這麼小事，也會鬧上法庭？真是有點奇怪。

金：退一步海闊天空，其實他們真的是「小事化大」……另外他們的上司是可以將其中一人調去其他部門的，相信這也是解決方法之一。

法律小知識

第 212 章《侵害人身罪條例》第 40 條普通襲擊

任何人因普通襲擊而被定罪，即屬犯可循簡易或公訴程序審訊的罪行，可處監禁 1 年。

第 200 章《刑事罪行條例》第 24 條禁止某些恐嚇作為

任何人威脅其他人——

(a) 會使該其他人的人身、名譽或財產遭受損害；或

(b) 會使第三者的人身、名譽或財產遭受損害，或使任何死者的名譽或遺產遭受損害；或

(c) 會作出任何違法作為，而在任何上述情況下意圖——

   (i) 使受威脅者或其他人受驚；或

   (ii) 導致受威脅者或其他人作出他在法律上並非必須作出的作為；或

   (iii) 導致受威脅者或其他人不作出他在法律上有權作出的作為，即屬犯罪。

第 200 章《刑事罪行條例》第 27 條刑罰

任何人犯第 24 或 25 條的罪行，一經循簡易程序定罪，可處罰款 $2,000 及監禁 2 年，一經循公訴程序定罪，可處監禁 5 年。

被告在被判無罪後是否可獲得堂費？

被告在被判無罪後應可獲得堂費，除非

1. 自招嫌疑；或

2. 誤導控方令控方以為控方的案情比較實際上的強。

31.
突然水腫

Linda 身體健康，體形保持得不錯，可是近來有嚴重的水腫，本來的瓜子口面，也變成圓圓的面（Moon Face），毛髮也多了，手腳又有水腫！自問沒有改變生活習慣，也沒有服食特別的藥物，於是去找醫生檢查身體，幸好她的家庭醫生是很有經驗的醫生，驗血之後發現體內含過量類固醇！而 Linda 的兒子 Louis 也是一樣！於是兩母子入院留醫約一個星期，接受觀察，及將過量的類固醇排出來。

Linda 思前想後，覺得印尼籍女傭 Cat 有可疑。因為 Cat 曾經想辭職，Linda 說有兩年合約，不接納 Cat 的辭職，可能因此 Cat 懷恨在心，在 Linda 及 Louis 的食物內放入類固醇？！

Linda 於是不動聲色翻看家裏的閉路電視，發覺 Cat 在褲內拿出一顆藥丸，放進膠杯中溶解之後，倒進粥內，給 Linda 及 Louis 進食，Linda 於是與家人商量之後報警。

Cat 被控五項「意圖損害而施用毒藥或殘害性或有害物品」罪名，因為她曾經五次落藥。Cat 原本不認罪，後來知道證據確鑿，所以在開審當天認罪。

Cat 的當值律師求情說：被告已婚，在印尼有一個十歲的兒子及一個八歲的女兒……她因為事主不肯讓她辭職而不開心，一時愚蠢……希望法官盡量輕判。

金大狀剛好是該案的暫委法官，作出以下的量刑：……被告作為家庭助理，有責任保護主人，她竟然在食物中放入類固醇，令事主母子的身體有水腫及圓面，實在是違反誠信，案情嚴重，幸好沒有造成永久性傷害。……本席認為五條罪的總刑期應為十二個月，被告在開案日才認罪，不能獲得三分一刑期扣減，本席給被告四分一刑期扣減，所以本席判被告每條控罪入獄九個月，全部同期執行，五條控罪共入獄九個月。

法官書記 Suky 問金法官：金法官，我也有請外傭，我應該如何防範好呢？

金：最好是對她好一點，雙方和平共處，但是如果有爭拗，便要小心一些，在廳安裝閉路電視也是好的方法，但最好不要讓她知道裝了閉路電視啊！

法律小知識
第 212 章《侵害人身罪條例》第 23 條意圖損害等而施用毒藥等
任何人意圖使他人受損害、精神受創或惱怒而非法及惡意向該人施用或導致向該人施用毒藥或其他殘害性物品或有害物品，或導致該人服用毒藥或其他殘害性物品或有害物品，即屬犯可循公訴程序審訊的罪行，可處監禁 3 年。

32.
蜘蛛俠現身香港

電影中的蜘蛛俠可以輕易爬高樓大廈，來去自如，非常威風。

丁先生在家中看電視，突然之間看見兩名小朋友在窗外的水渠向下爬。丁先生非常擔心，他不敢大聲叫喊，恐怕驚動兩名小朋友，一不小心墮樓，便不堪設想。因為丁先生住在三十樓！

丁先生溫柔地說：小朋友，你們要小心呀，你們快些入來我的屋啦！我有朱古力請你們食呀！

兩名小朋友的身手非常敏捷，一聽到有朱古力食，很快便爬入了丁先生的住所。丁先生如釋重負，倒抽了一口涼氣。

原來兩名小朋友是八歲的小花及六歲的阿 Dei，是兩姊弟，因為父母都不在家，沒有早餐吃，所以決定爬水渠落街買早餐食！丁先生很擔心兩名小朋友的安危，於是報警求助。

警方去到丁先生的家裏，帶走兩名小朋友，經過一輪調查之後，發覺兩名小朋友的父母獨留他們在家中，疏忽照顧兩名小朋友。

警方覺得兩名小朋友的安全有問題，於是向兒童法庭申請監管令，金大狀剛巧是該兒童法庭的暫委法官，將案件押後拿社會福利報告。

　　後來報告說兩名小朋友的父母疏忽照顧，獨留兩名小朋友在家中，引致他們爬水渠落街買早餐，父親只顧工作，母親沉迷打機！兩名小朋友有過度活躍症。現在仍然不懂沖涼、刷牙，小花原本應該就讀小二，但是現在只是讀小一，阿 Dei 原本應該讀小一，現在只是就讀幼稚園高班，福利官建議作出監管令三年，再由社會福利署暫時看管，兩名小朋友要接受住院式訓練。

　　辯方大律師胡大狀作出陳詞。

　　胡：兩名父母不反對報告的內容，兩名小朋友有智力問題，及自我照顧和讀書的問題，女兒較遲上學，父母不反對兩名小朋友由福利官監管三年。

　　金：兩名父母請站出來。

　　（兩名父母很羞愧地站出來）

　　金：本席明白照顧兩名子女極不容易，但你們兩人身為父母，除了提供衣食住行的需要外，更應該細心照顧他們，你們明知子女有問題，都不及早正視，做媽媽的更加沉迷打機，導致子女幾乎失學……女兒的情況十分嚴重，咁大個女都唔識照顧自己，唔識沖涼、刷牙……你們以後要盡父母的責任，細心照顧他們，知道嗎？

　　父：知道了。

　　母：知道。

　　金：本席現為兩名兒童判處三年保護令，暫時交由保良局監管，直至有更適合的地方居住為止。三個月之後你們需要到庭看進度報告。

法律小知識

第 213 章《保護兒童及少年條例》第 34 條少年法庭有關監護、看管及控制需要受照顧及保護的兒童及少年的權力

(1) 少年法庭在自行動議下，或在社會福利署署長或任何獲社會福利署署長為此目的以書面作一般或特別授權的人，或任何警務人員的申請下，信納任何被帶往法庭的 7 歲或以上的人，或任何其他 7 歲以下的人是需要受照顧或保護的兒童或少年，則可——

    (a) 委任社會福利署署長為該兒童或少年的法定監護人；或

    (b) 將該兒童或少年付託予任何願意負責照顧他的人士，不論該人士是否其親屬，或將他付託予任何願意負責照顧他的機構；或

    (c) 命令該兒童或少年的父母或監護人辦理擔保手續，保證對他作出適當的照顧及監護；或

    (d) 在未有發出上述命令的情況下，或除了根據 (b) 或 (c) 段發出命令外，下令將該兒童或少年交由法庭為此目的而委任的人士監管一段指明的期間，以不超過 3 年為限：

但如未獲社會福利署署長的同意，則不得根據 (a) 段發出命令。

第 226 章《少年犯條例》第 2 條

釋義

(1) 在本條例中，除文意另有所指外——

少年人 (young person) 指被審理任何關於其案件的法庭認為是年滿 14 歲但未滿 16 歲的人；

兒童 (child) 指被審理任何關於其案件的法庭認為是未滿 14 歲的人；

第 212 章《侵害人身罪條例》第 27 條對所看管兒童或少年人虐待或忽略

(1) 任何超過 16 歲而對不足該年歲的任何兒童或少年人負有管養、看管或照顧責任的人，如故意襲擊、虐待、忽略、拋棄或遺棄該兒童或少年人，或導致、促致該兒童或少年人受襲擊、虐待、忽略、拋棄或遺棄，其方式相當可能導致該兒童或少年人受到不必要的苦楚或健康損害 (包括視力、聽覺的損害或喪失，肢體、身體器官的傷損殘缺，或精神錯亂)，即屬犯可循公訴程序審訊的罪行——

　　(a) 循公訴程序定罪後，可處監禁 10 年；或

　　(b) 循簡易程序定罪後，可處監禁 3 年，

而就本條而言，凡超過 16 歲而對不足該年歲的任何兒童或少年人負有管養、看管或照顧責任的父母或其他人，如沒有為該兒童或少年人提供足夠的食物、衣物或住宿，或如本身不能以其他方式提供該等食物、衣物或住宿，卻明知及故意不採取步驟，向負責提供衣食住予有需要的兒童或少年人的主管當局、社團或機構取得此等供給，即當作忽略該兒童或少年人而其方式相當可能導致該兒童或少年人的健康受損害。

離婚案件

33.
分床還是分居？

小蓮：金大狀，大件事啦！

金：冷靜。到底發生什麼事？

小蓮：我收到我丈夫（離婚案中答辯人 P 君）的 WhatsApp 短訊，令我非常擔心。他要求我放棄女兒的照顧及管束權，否則，他說會向法庭告發我欺騙法庭，他還說欺騙法庭是嚴重的罪行，法庭會判我坐牢的。你們看看，就是這個 WhatsApp 訊息。（拿出智能手機放在枱上開啟了那個訊息，然後傳給金大狀和姚律師傳閱）

就是這個 WhatsApp 訊息。我現在非常迷惘，我相信是他的父母不斷煩他，逼他要爭取女兒的照顧及管束權，然後我女兒以後便可以由他的父母照顧。

金：他所指的欺騙法庭是指什麼？

小蓮：是這樣的，當初我和他提出離婚的時候，他想都不用想

便立刻答應了，並叫我去處理。我見他一臉沒有所謂的樣子，所以心想既然他都答應了，我一切從簡便可以了。於是之前說有關離婚理由的時候，我便隨便選了「雙方同意分居一年」為離婚理由，並沒有真的細心考慮過。現在他指我仍然住在他家中，他說我們根本從未分居過，他要向法庭揭發我說謊欺騙法庭。我真的不是有意欺騙法庭的……（聲音開始沙啞，開始啜泣）

金：先冷靜，不用怕。（遞上紙巾）

<u>在聆訊中</u>

P：法官閣下，我要舉報呈請人欺騙法庭，請法官判她入獄。

官：呈請人欺騙了法庭什麼？

P：我們根本未曾分居過。

官：你意思是你反對離婚的理由？

P：是……（停了一停，想了一會然後又說）不是。

官：到底你是不是反對離婚的理由？

P：我……我意思是我同意離婚，但我們根本沒有分居一年，她之前一直都住在我家，是上星期六才搬走的。她說謊欺騙法庭，未能成為女兒的好模範，所以女兒絕對不應該跟她。

官：那麼我們現在要先解決離婚理由的問題，然後再處理有關家庭子女照顧及管束權。

金大狀開始盤問 P 君。

金：你為何說你們沒有分居？

P：因為她之前一直住在我家，她只是上個星期才搬走的，所以我們根本沒有分居一年。

金：你們的感情在哪個時候開始出現問題？

Ｐ：大約兩至三年前。

金：那麼你們在哪個時候開始沒有分床？

Ｐ：大約兩年多前，她搬到女兒房間。

金：那麼你們有一家人一起食飯嗎？

Ｐ：自從呈請人搬到女兒房間，我和呈請人未曾一起吃過一餐飯。

金：呈請人有沒有幫你洗衫煮飯？

Ｐ：沒有。

金：那麼你們有一起出席家庭活動嗎？例如一起到親戚家中聚會？

Ｐ：自從我們鬧翻了，我未曾邀請過她出席我的家庭聚會，我怕她故意給面色我的親戚看令我難堪。我當然亦沒有參與呈請人的家庭活動，因為呈請人自從兩年多前未曾邀請過我去任何親戚的活動。

金：你有沒有帶她出席任何公司宴會？

Ｐ：當然沒有，我知道她一定會想盡辦法令我沒臉。

金：你們會一起上街、買餸或任何家庭活動嗎？

Ｐ：沒有，我們過去兩年多都是各自各生活的。

金大狀作出結案陳詞：法官閣下，既然答辯人承認呈請人和他雙方都沒有夫妻生活，沒有家庭活動，就算住在同一屋簷下亦與陌生人一樣，他們是分開生活亦即是等於分居，答辯人也同意與呈請人離婚，因此，呈請人用雙方同意分居一年的理由作為離婚的理由是絕對正確的，並沒有任何欺騙法庭的成份。

Ｐ：（情緒激動，大聲呼叫說）她明明沒有搬走一年，怎算是分居！

官：答辯人請你控制你的情緒。本席同意金大律師的說法。既然答辯人同意和呈請人離婚，雙方超過一年沒有夫妻生活，就算居住在同一屋簷下亦等於已經分居超過一年。因此，本席認為呈請人用雙方同意分居一年作為離婚理由並沒有不妥之處。呈請人欺騙法庭的指控不成立。

小蓮：多謝相助。

金：法律程序和法律文件是非常嚴謹的，你以後一定要小心謹慎，如果有任何疑問必須要立即問清楚律師，不要胡亂隨便回答，否則後果可能會很嚴重。

法律小知識

「分居」法律上的定義為兩人沒有一同分享生活。特別是香港寸金尺土，要獨自搬走，必定會增加日常生活開支。所以在法律上就算兩人居住在同一屋簷下，但不會同床，也不會幫對方洗衣服和做家務，也不會一起用膳，沒有一同出席朋友、親戚的活動，兩人彼此完全沒有夫妻之間的正常交流，只好像是同屋居住的租客關係，這樣其實法律上已經可以定為「分居」。

34.
拐帶親生兒

文文：金大狀我現在正和丈夫辦理離婚，我丈夫不停罵我拐帶了兒子，他說這是刑事罪行，要告我。請你今次一定要幫我。

金：沒有問題。首先，父母離婚，小朋友跟其中一方搬離婚姻居所並不屬於拐帶，亦不會構成刑事罪行。

文文：甘律師都有告訴過我，我亦有反駁我丈夫。可惜我丈夫為人自負，不接受我的說法，還繼續不斷指責我拐帶了兒子。我告訴他如果不信我的說話，請他尋求獨立法律意見。他說，他不需要律師協助，他自己可以處理這離婚案件。他還在網上搜尋了很多有關拐帶兒童的資料，寫信向家事法庭投訴並且發副本給我，令我精神非常困擾。

金：我們會幫你處理，疫情期間你要照顧好自己身體又要照顧小朋友，辛苦你了。

聆訊當日

金：法官閣下，本人謹代表呈請人吳女士就家事法庭 2022 年第 xxx 宗案件出席本聆訊。這是一個處理有關家庭子女的照顧及管束權的聆訊。家庭子女現年七歲，由出生至今都是我當事人呈請人吳女士照顧小朋友的起居飲食，所以懇請法官閣下把小朋友的照顧及管束權判給我當事人，即是本離婚案件的呈請人吳女士。

金大狀開始盤問答辯人。

金：你的兒子現年七歲，就讀香港灣仔 xxx 紀念小學，對嗎？

答辯人：是。

金：日常是不是都是由呈請人吳女士送你兒子上學，並且照顧他的起居飲食？

答辯人：是。

金：那麼你是否同意由呈請人繼續照顧兒子的起居飲食最合適？

答辯人：不同意，明明就係佢拐帶了我兒子。

金：母親帶走兒子，不屬於拐帶。

答辯人：佢未得我同意就是拐帶。

金：呈請人現在向你提出離婚，不需要你的同意，亦可以申請離婚。她帶走她的兒子，亦不需要你的同意，明白嗎？

答辯人：我反對，我可以和她離婚，但她拐帶了我的兒子就是犯法。

金：你是否同意，由母親照顧兒子的日常起居飲食比較合適？

答辯人：不同意。

金：為什麼不同意？

答辯人：呈請人的品行有問題，她拐帶了我的兒子，是一名罪犯，

會被判坐監，不能照顧兒子。

金：答辯人請小心你的言辭，媽媽要離婚帶小朋友搬走，不屬於拐帶，亦不構成任何罪行，所以絕對不是罪犯，明白嗎？

答辯人：不明白。

金：你反對兒子的日常起居飲食由媽媽照顧，那麼你認為兒子的日常起居飲食應該怎樣安排。

答辯人：……（沉默，思考了一會，然後回答）可以交由我母親（即是兒子的嫲嫲）照顧。

金：嫲嫲今年幾多歲？

答辯人：七十八歲。

金：身體狀況如何，行動起居飲食如何？

答辯人：老人家一定會有一些老人病，行動自然亦不太好，這是常識。

金：既然你都知道老人家會有老人病行動亦不太好，那麼你認為她可以勝任照顧你七歲的兒子嗎？

答辯人：……（沉默了一分鐘）總之呈請人品行不端正，未經我同意帶走我兒子，實屬拐帶，觸犯刑事法，必須拉去坐監。

金：法官閣下，相信法庭都收到答辯人張先生向法庭遞交的六封投訴信，每一封投訴信都附有超過六十頁有關拐帶兒童的網上資料。我當事人已經多次向答辯人張先生說明她因為離婚帶走兒子並不屬於拐帶，但是答辯人張先生仍然不斷向法庭及我當事人吳女士作出有關拐帶兒童的投訴，並恐嚇我當事人觸犯刑事法，這些無理的投訴實在令我當事人吳女士構成精神上的滋擾。

官：本席亦收到答辯人的投訴信，本席要向答辯人說明，不應

該隨意寫信給法庭。答辯人應該遵從婚姻法實務守則在指定的時候才可以向法庭提交文件，文件一般都應該以誓章形式呈交，如果有任何證據文件要提交應該把那些文件作為誓章的附件一併遞交。如果答辯人想進一步了解離婚訴訟的程序，本席建議答辯人聘請律師諮詢專業意見，並不是隨自己心意隨時隨地寫信給法庭表達你的個人意見。答辯人明白嗎？

答辯人：明白。是呈請人拐帶了我的兒子，我的心情很亂。我在網上搜尋了很多相關拐帶兒童的文章及評論，所以希望向法庭遞交，揭發呈請人拐帶了我兒子的惡行。我昨天晚上還在網上搜尋到國際擄拐兒童法例，我列印了出來，懇請法官大人過目。

官：本席明白答辯人掛念兒子的心情，本席透過答辯人較早前寄給法庭的信和附件亦感受到答辯人用了很多心機和時間寫這些信和處理這些資料。

本席必須要向答辯人清楚說明，由於你們雙方是根據香港法例進行離婚，因此本席只會考慮香港的法例，並不會根據香港以外的婚姻法作出評論。

根據香港的法例雙方家長離婚其中一方帶小朋友搬走不屬於拐帶，亦不會構成任何刑事罪行。因此請答辯人不要再就這一點作出爭論。

本席更考慮到，由於家庭子女由出生至現在都是由呈請人吳女士照顧他的起居飲食，法庭看重的是家庭子女的福祉，盡量不想因為父母離異影響小朋友的日常生活，因此，本席宣判家庭子女的照顧及管束權判給呈請人吳女士，答辯人有合理的探視權，即是答辯人可以和呈請人約日期及時間探望兒子。

文文：感謝金大狀幫我成功取得兒子的照顧及管束權。兒子是我的命根子，現在法庭正式判了兒子的照顧及管束權給我，我便安心了。

金：不用客氣，希望你和兒子可以盡快投入新生活。

金大狀的徒弟 Rachel：為什麼就算呈請人及我們多次向答辯人解釋媽媽帶走小朋友不屬於擄拐，沒有觸犯刑事法，答辯人都好像聽不到，堅持一次又一次的重複投訴呈請人拐帶小朋友？

金：有些人就是不相信對方律師，自己又不肯聘請代表自己的律師諮詢專業意見。麻木地、選擇性地相信網上的評論，沒有考究出處。

法律小知識

父母因為離婚，其中一方帶走家庭子女不屬於拐帶，亦不屬於任何刑事罪行。但如果一方有理由相信對方會帶小朋友離開香港，可以立即聘請律師向法庭申請禁制令，禁止對方帶小朋友離境。

35.
消失的物業

欣欣：金大狀，我丈夫（李先生）要和我離婚，他是一個非常蠱惑的人，他向我提出離婚前已經早有預謀，他告訴我他已經將現時住的物業轉了他媽媽的名，所以我不會分到該物業。點算好？

金：你知不知是哪個時候轉名的？

欣欣：姚律師幫我做過查冊，物業是由他向我提出離婚申請前四個月轉名的。

金：該物業有沒有按揭？

欣欣：有。

金：你是怎樣知道的？

欣欣：因為按揭是由我丈夫供款的，直到現在仍然是由我丈夫供款，我早兩日在家執拾信件時，見到他今個月的銀行帳單，仍然有供款紀錄。

金：你有沒有銀行帳單的詳情？

欣欣：我怕他說我偷他的信，所以我不敢收起信件，只是用手機影了一張相片。他現在沒有把該物業申報在他的「經濟狀況陳述書」裏。那麼我是不是沒有辦法。

金：辦法是有的，我們可以用問卷形式要求你丈夫作出申報。

欣欣：但是該物業現在已經不是他名下了，這樣他的申報還有用嗎？

金：當然有用，如果所有買樓的金錢都是由你丈夫付出的，他媽媽根本沒有支付過一分一毫，我們可以向法庭指出該物業的實質擁有人是你丈夫，他的媽媽只是名義上的信託人，代他持有物業。

欣欣：我丈夫非常蠱惑，他一定不會承認的。

金：不用擔心，法庭會作出公平的裁決。

在審訊當日，金大狀盤問欣欣的丈夫，李先生。

金：李先生請問你們現時住的物業是不是屬於你的？

李：不是。

金：由哪個時候開始不屬於你？

李：大約四至五個月前。

金：你把該物業給了誰？

李：賣給了王女士。

金：王女士和你是什麼關係？

李：她是我母親。

金：你賣出該物業的買賣價是多少？

李：港幣一千八百萬。

金：你母親支付了該一千八百萬給你嗎？

李：啊……呀……沒有，因為她答應用她的股票及古董作為抵押給我。

金：有沒有抵押協議？

李：沒有，她是我母親，我信她，所以沒有做任何抵押協議。

金：抵押的古董有沒有做估價？

李：沒有，我信我的母親，她說價值多少我便信了。

金：現時該物業的按揭是不是你供款的？

李：是，我母親年紀大，一早已經退休了，沒有收入，亦沒有足夠的資產，所以由我供款。

金：轉售該物業的印花稅都是一筆頗大的金額，該印花稅是你支付的嗎？

李：我剛剛已經說明我母親年紀大，一早已經退休了，沒有收入，亦沒有足夠的資產，所以由我供款。

金：那麼物業轉讓之前的按揭供款是誰支付的？

李：當然是我。

金：物業的首期是你支付的嗎？

李：是我付的。

金：你才是該物業的實質持有人，你的母親只是你的託管人，對嗎？

李：啊……呀……不對。

法庭作出以下裁決：本席考慮過本案的案情，金大律師的陳辭及李先生庭上的證供，由於李先生承認該物業由購買的首期到所有銀行按揭供款甚至轉讓物業的印花稅都是由答辯人李先生所支付，本席宣判該物業的實際持有人是答辯人李先生，王女士只是該物業

的名義上代持人。即是該物業屬於李先生，王女士只是代替李先生持有該物業。該物業實屬家庭資產。本席會將該物業視為家庭資產之一，然後就雙方家庭資產做分配。

欣欣：非常感謝金大狀，法官果然如金大狀所說，判該物業為家庭資產。

金：不要客氣，我都只不過根據之前的案例和上庭的經驗而推測的。

金大狀的徒弟 Chloe：師傅，其實在離婚中，轉移資產是不是很常見的呢？

金：在離婚中，轉移資產是很常見，但切記不是改了持有人便可以逃避責任。正所謂天網恢恢，疏而不漏！

法律小知識

物業的實際持有人是付款的人，沒有繳付過一分一毫的只是物業的代持人。另外，有些人會聲稱欠父母供書教學生活費，要還錢給父母，想用這種欠債的說法從而減低個人資產，但是法庭通常都不接納。

36.
送一個美女給你

姚律師和金大狀說笑。

Y：金大狀，送一個美女給你，好嗎？

金：哈哈，不要引起我的遐想了，你這樣說，一定是有些問題的，是不是想講一個故事給我聽？

Y：果然聰明，我就說給你聽吧。

第一回合

大 C：我有個朋友被太太騙婚了，請你想辦法幫一幫他。

Y：好的，你可以請你的朋友直接聯絡我。

小陳：你好！我是大 C 介紹的，有些關於婚姻法的問題想請教你。

Y：沒有問題，請說。

小陳：我和我的太太大約兩至三年前在社交平台認識，她並不是香港人。她說家境非常富裕，所以不用工作。我們認識了一個星期，她便來香港找我，陪我過生日。我當時很感動，之後我們便開始拍拖，她在香港的時候是住在五星級酒店，她說由於專程來香港陪我所以要我支付酒店費用。我當然同意了。之後她說持雙程證來香港有時限，所以要回國了。我們當然大家都捨不得對方，然後她提出若是結婚，便可以留在香港陪我。由於我都想她留在香港陪我，所以我們便立即安排註冊結婚。結婚後，她才坦白說其實家境非常窮困，直接問我拿了四十萬作為禮金給家人。婚後她不但拒絕和我生小朋友，而且還洗錢如倒水，在短短半年間，她花了我六十萬買名牌手袋和衣飾。我層樓結婚時加了她的名，誰知她向私人財務公司用層樓做抵押貸款，財務公司上門追數時我才知道。我問她拿了貸款的錢做什麼，她說在工業大廈的地下賭場賭博，全部輸清光了！我現在實在走投無路，我要告她騙婚，我要和她離婚，要她退還所有的錢給我。

Y：我絕對明白你現在的感受。首先我要知道由結婚到現在夠一年嗎？未夠一年是很難離婚的，除非有很特別的理由。

小陳：已經一年多了。

Y：你現在這個情況可以用不合理行為作為離婚的理由。

小陳：聽聞離婚打官司是很貴的，我現在疫情期間又失業，真不知怎樣算才好。

Y：你可以嘗試申請法律援助。

小陳：可以繼續找你幫我嗎？我不想找另一位律師再講一次我的痛苦經歷了，我想找你幫忙可以嗎？

Y：可以，我也有做法律援助署的離婚案件。你申請法律援助的時候可以把我的名片一併遞上，但當然你成功取得法律援助後，是否把你的案件給我繼續跟進最終還是由法律援助署決定。

法律小知識

申請法律援助時如果想用指定的律師，首先要知道該律師是否法援署列表上的律師，並且說明指定想用該律師的理由，方便法律援助署作進一步審批。

第二回合

Y：法律援助處已經把你的案件批給我處理。我現在可以幫你正式向家事法庭遞交呈請書申請離婚了。

小陳：我與她說了，我會申請和她離婚，她說離婚後我要給她贍養費，我現在真是山窮水盡，連自己的生活費都是向父母借的。真是沒有錢給她贍養費，這樣是否會離不到婚？

Y：不要太擔心，不會離不到婚的。

小陳：這樣便好了。那麼贍養費方面是如何計算呢？

Y：有關贍養費，法庭是會細心考慮雙方的經濟狀況的。就雙方的經濟狀況，法庭會要求雙方各自填寫一份「經濟狀況陳述書」，包括提供過去一年的所有銀行月結單、租約、糧單或報稅表……等等。

小陳：我知道她有個香港的滙豐銀行戶口，裏面有二十萬。如

果她不報出來又怎辦好呢？法庭會不會幫我查呢？

　　Y：知不知道她的滙豐銀行戶口號碼？

　　小陳：我有一次放工返到家裏，見到她的銀行月結單放在枱面上，我用手機拍了張照片。

　　Y：很好，如果她到時沒有把這個戶口填在她的「經濟狀況陳述書」上，我們可以向法庭申請要求她就這個銀行戶口作出進一步的披露。

　　小陳：這樣我便放心了。

　　故事講完了。金大狀也覺得世事真是變幻莫測。

　　金：Ava，多謝你的故事，希望小陳有圓滿的解決方法吧。

　　Y：有我幫他，是一定會得到解決的，是否圓滿，就見仁見智了，哈哈！

法律小知識
法庭是不會幫訴訟當事人查案的，法庭只會就已經遞交了上法庭的文件作出裁決。

37.
審死官

周星馳主演的《審死官》非常好看及好笑。現實生活中有沒有《審死官》的情況出現呢?答案是會出現的,尤其是一些離婚案件,真是「清官難審家庭事」!

金:法官閣下,我今日代表呈請人(男方)出席這個離婚首次約見的聆訊,而答辯人自己代表自己自辯。我謹代表呈請人向法庭表示不反對答辯人要小朋友的管養權。

法官:答辯人是否同意家庭子女的管養權歸你,即是小朋友跟你住,日常起居飲食由你負責?

答辯人:法官大人,我唔明,我唔明佢點解要咁樣對我,點解一定要同我離婚?

法官:這不是我問的問題,現在請你回答我問的問題,我是問你是否同意家庭子女的管養權歸你?

答辯人：我真係好唔明，佢點解要咁樣對我？（眼中有淚光，聲音有些沙啞。）

法官：答辯人請你冷靜，回答我的問題。

答辯人：我真係唔明點解佢要離婚。

法官：因為你哋結咗婚，所以現在要處理你們的離婚事項。

答辯人：……（沉默）

法官：請你回答我的問題。（法官也很有耐性）

答辯人：（點頭）

法官：法庭上是要錄音的，請答辯人出聲回答我的問題，不能夠只點頭就算。

答辯人：明白。

法官：答辯人你還未回答我的問題。

答辯人：法官大人，唔好意思，我唔記得你的問題，請問你可唔可以重複一次你的問題？

法官：我的問題是答辯人你是否同意家庭子女管養權歸你，即是小朋友跟你住，小朋友的日常起居飲食由你照顧？

答辯人：我冇錢養，佢唔畀錢我，我冇錢養小朋友。

法官：家庭資產分配及贍養費我會稍後處理，現在請先回答我的問題。

答辯人：我冇錢，點樣同意養小朋友？

法官：我再重申一次家庭資產分配及贍養費我會稍後處理。現在先處理家庭子女的管養權問題，所以請你先回答我的問題。（法官也很有耐性，不過已經開始皺眉頭）

答辯人：我唔明佢點解一定要離婚。

法官：答辯人請你回答我的問題，不要作出反問。

答辯人：我都話冇錢，點養小朋友？

法官：答辯人你意思係你放棄小朋友的管養權嗎？

答辯人：唔係，我要爭取小朋友。

法官：咁即係你願意小朋友的管養權歸你？

答辯人：係，但我真係冇錢養。

法官：我再重申一次我現在先處理家庭子女的問題，然後才處理有關家庭資產及贍養費的問題。答辯人請聽清楚我的問題然後直接回答我的問題，不要拉開話題。

法官：答辯人你是否同意呈請人對小朋友有合理的探視權，即是爸爸可以在合理的時間和你約探望小朋友？

答辯人：我唔明。

法官：我再重複一次我的問題，答辯人你是否同意呈請人對小朋友有合理的探視權，即是爸爸可以在合理的時間和你約探望小朋友？

答辯人：我真係好唔明。

法官：你邊一部分唔明？

答辯人：我唔明點解佢要同我離婚？

法官：我再重申一次，答辯人請聽清楚我的問題，然後直接回答我的問題。

答辯人：點解要咁樣對我？（開始啜泣）

法官：答辯人我建議你控制一下情緒，或者請律師代表你處理這宗離婚案件。現在休庭十分鐘，希望答辯人可以控制一下情緒。

金大狀、事務律師團隊及呈請人都非常無奈，原本三十分鐘的聆訊，因為上述的問答變成超過三個小時，整個上午，還未完結。最後法庭將這個首次約見聆訊押後到三個月後再聽。到時希望可以順利完成吧。

　　金大狀的徒弟 Joyce 問金大狀。

　　J：師傅，男方是否真的不應該離婚？令到女方那麼慘。

　　金：問世間情是何物？他們肯定有歡樂的時光，但是現在由佳偶變成怨偶，相信還是分開可能會好一點。

法律小知識
離婚的首次約見聆訊是可以有幾次的，未必上一次庭就可以圓滿解決。

38.
擇地離婚

元律師：金大狀，這位是范太太，是國內的居民，她想請教你一些有關香港的離婚事宜。

范：金大狀，你好！我是阿寬的媽媽，坐在我身邊的這個便是我的兒子阿寬，我和他一直都是在東莞居住，我的兒子一向品性善良，一心追求學術，可惜遇人不淑。他兩年前獲得香港的工作證，開始在香港的一間大學任職副教授，講解中國近代史，認識了一個同鄉的女仔，那個女仔與他一直都分隔兩地，阿寬在香港工作，一放長假期就會回內地，女的一直在內地生活和工作。那個女仔每年會來香港找阿寬兩次，每次在香港逗留三日。他們大約年半前在內地領證結婚。上兩個月我才知道原來個女仔想離婚，於是阿寬就專程返內地希望可以和她復合。阿寬說女方態度非常差，堅持要離婚。阿寬一向純品，不想繼續糾纏下去所以便在內地提出了離婚訴訟。

問題就在這個時候發生了，女方突然反對離婚，我們以為她打算復合，誰知她來了香港，並聘請了香港律師在香港提出現在這個離婚訴訟。

金：請繼續。

范：女方現在要求要我兒子的一半財產包括在香港的一層樓。該物業是我和我丈夫（即是阿寬的爸爸）由東莞來香港，在香港買來做投資用途的，我們有齊所有付款紀錄。物業用阿寬的名字購買因為方便他在香港替我們打理。女方和阿寬結婚不夠兩年，聚少離多，我們不想把物業白白給她。

金：好吧，我們會盡量幫你爭取。

寬：我聽說在香港離婚和在國內離婚差別很大，我知道在國內有分「婚前」和「婚後」資產，在國內離婚，婚前的資產是不用分的。但在香港離婚似乎所有名下的財產都要分一半給對方。我知道為什麼女的反對在國內離婚，因為該物業是我婚前已經有的，所以如果在國內離婚屬於婚前資產，她是分不到的。

范：唉，這個女人，居然這樣謀算我阿寬。

寬：金大狀，就快要上庭了，請你一定要盡力幫我們。

上庭當日

女方代表陳律師：法官閣下，本離婚訴訟是一個比較簡單的訴訟，因為雙方的婚姻不是太長而且沒有小朋友，只剩家庭資產分配的問題。

官：陳律師你有沒有收到答辯人反對在香港處理這個婚姻訴訟的文件？

陳：收到，我們這個婚姻訴訟的離婚理由是不合理行為。

官：我不是指有關離婚的理由，我是指到底應不應該由香港的家事法庭處理這一宗婚姻訴訟。雙方都不是香港永久居民，而且並非在香港結婚，亦沒有一方於離婚呈請時慣常居住在香港至少三年，你有什麼理由認為這個婚姻訴訟可以在香港的家事法庭處理？（法官已經開始不耐煩）

陳：答辯人雖然未曾居住在香港三年，但他現時長期居住在香港，在香港工作而且還有物業在香港，所以屬於與香港有緊密的聯繫，因此法庭應該接受呈請人的離婚呈請。

官：金大狀，你同意陳律師的說法嗎？

金：法官閣下，我反對呈請人的說法。我的當事人范先生只是在香港工作，他的家一直都在內地。他現時留在香港是用工作簽證的形式逗留在香港的，他每逢放假都會回家即是回國內。根據答辯人和呈請人的電話 WhatsApp 訊息，呈請人亦都認同他們的家在內地。其中有多個訊息都是問答辯人「哪個時候回家？」，呈請人所指的家是他們在國內的家，他們的婚姻居所絕對不是香港的物業。

再加上我們之前的誓章第 28 段中提到，其實答辯人早在呈請人在香港提出離婚訴訟之前答辯人已經在國內提出了離婚訴訟，內地亦已經開始審理。第三份附件也可以看到有關內地離婚訴訟的文件，證明我當事人范先生所講的全是事實。

官：陳律師，為何呈請人反對內地的離婚訴訟，然後來香港提出另一個離婚訴訟？

陳：由於呈請人認為香港的法律更加能夠保障她的權益，所以呈請人希望可以在香港處理她的離婚訴訟。

官：金大律師已經清楚解釋了答辯人只是在香港工作，他在香港逗留是用工作簽證的形式，答辯人並沒有打算定居於香港，除了在香港工作以外，你還有什麼證明答辯人與香港有緊密的聯繫呢？

陳：答辯人已經在香港置業。

金：法官閣下，答辯人已經在他的誓章中詳細解釋了該物業是他的父母在香港的投資物業，所有有關物業的購入和支出都是由答辯人父母支付的，附件亦附有所有相關轉帳紀錄作為答辯人的支持證據。因此物業根本不屬於答辯人，答辯人只是代他的父母持有該物業。該物業無論如何都不屬於這個婚姻訴訟的家庭資產。

官：陳律師你還有沒有其他陳詞？

陳：答辯人只要在香港居住滿七年，便可以申請成為香港永久居民。

金：我代表答辯人重申他從來沒有打算定居香港。

官：本席考慮了陳律師和金大律師的陳辭和呈請人及答辯人雙方向法庭存檔的誓章，本席認為由於雙方家在內地並且在內地締結婚姻，而且當地的法庭已經接受了他們的離婚訴訟申請，本席認為雙方應該繼續在內地處理他們相關的婚姻訴訟比較便利和穩妥，因此本席現在撤銷呈請人這個離婚訴訟的申請。

金大狀的徒弟 Eugene 問金大狀：范先生說內地的婚姻法有分「婚前」和「婚後」資產，是真的嗎？

金：真的，其實每個國家的婚姻法都會有一些不同，所以有些人都會希望選擇對他們有利的國家進行離婚訴訟。

法律小知識

香港家事法庭對於離婚案件的司法管轄權，於香港法例第 192 章《婚姻法律程式與財產條例》第 3 條規定必須符合以下三個條件的其中一條，法庭才可以在香港審理該婚姻訴訟：

（一）在呈請或申請提出當日，婚姻的任何一方以香港為居籍；或

（二）在緊接呈請或申請提出當日之前的整段 3 年期間內，婚姻的任何一方慣常居於香港；或

（三）在呈請或申請提出當日，婚姻的任何一方與香港有密切聯繫。

另外，就算香港家事法庭擁有管轄權並不代表一定會行使。有些跨國婚姻常會出現多於一個地方的法院有管轄權的情況。因此香港法院會根據非便利法庭的原則（Forum non conveniens）從而決定是否撤銷在香港的離婚訴訟。

39.
斷水斷糧

阿 Ling：陳律師，我老公要趕我和我兒子走，我們將會無家可歸。

陳：這麼大件事！好！我幫你盡快約金大狀開會。

開會當日

阿 Ling：金大狀，我的丈夫叫我跟兒子一起搬走，我在香港沒有親人，亦不好意思麻煩朋友，不知道怎樣好。

他搬走了大半年了，平時也很少回來，回來時也只是逗留一個小時，大約兩日前他突然在晚上大約九時回來，收拾了一些他的東西，然後他在臨走之前告訴我他已經通知業主退租，他叫我三個月內要搬。我和兒子現時住的地方是用他單名租的，一向都是他負責聯絡業主。我沒有業主的聯絡方法。我甚至連業主姓什麼都不知道。所以我不知道我怎樣可以找到業主，求業主暫時讓我們住在這裏。

金：你有沒有想過，就算你能找到業主，業主也未必會同意讓你免費繼續住？

阿 Ling：但我只是一個家庭主婦，真是付不起每個月三萬八千元的租金，還有三千元的管理費，及其他水費、電費、煤氣費……等等的雜費。

金：我們可以先替你向法庭申請禁制令，要他暫時不可以趕你和你兒子走。

阿 Ling：可以這樣嗎？他才是正式租客，租約是他簽名的，每個月的租金和所有雜費都是他支付的。如果他下個月之後不再交租和其他費用怎麼辦？

金：我們會向法庭解釋清楚這個情況。

阿 Ling：我怕他之後會騷擾我和兒子。

金：為什麼你會這樣說？他之前曾經騷擾你和兒子嗎？

阿 Ling：他就是曾經有這樣做過，他之前曾經多次在屋企樓下攔截我，他大吵大鬧想強行帶走兒子，我當然堅持不肯讓他帶走我的寶貝兒子，管理員都見過他在屋企樓下大吵大鬧過好幾次了。

有一次他還到我兒子的幼稚園和老師說要替兒子退學！幸好老師們不認識他，因為他之前從來沒有在兒子的幼稚園出現過，校長和老師們只認識我，所以沒有跟他的指示為我兒子辦理退學手續，還把這件事告訴了我。我當時很氣憤，我把正在辦理離婚的情況告訴了幼稚園的校長及老師們，他們都很同情我，答應不會讓他帶走我的兒子，會盡量協助我。我當時很感動，我沒有想過幼稚園方面願意這樣配合我。我真的很怕他會突然帶走了我的寶貝兒子。

金：這樣的話我們可以向法庭申請禁止他進入你家大廈和你兒

子幼稚園的一百米範圍內。

阿 Ling：還可以這樣？

金：可以試一試。

阿 Ling：如果他違反了禁制令會如何？

金：你可以報警，你有法庭命令，警察會幫你。

阿 Ling：他現時還有繼續每個月給我五萬元的生活費，如果他之後經濟封鎖我，不再給我生活費怎麼辦？

金：我們可以向法庭申請中期贍養費，即是在離婚訴訟還沒有正式完結期間他亦要繼續支付生活費給你。

阿 Ling：明白。

金：但我要先跟你確定，他為什麼要退租？是不是他經濟上有什麼問題，所以未能負擔？你要清楚明白，如果他是經濟上沒有能力支付你的租金和贍養費，法庭是不會代他支付給你的。

阿 Ling：這個我了解的，我知道如果他是沒有能力支付，就算我向法庭申請要他支付亦沒有用。我知道他仍然在投資銀行任職，月薪仍然大約有十八萬港元，還未計算他的年終獎金。

金：那麼你確定他不是經濟上有困難才要你搬走的。

阿 Ling：我確定，他經濟上仍然非常富裕。

金：好的，我們會盡快幫你草擬文件，先申請禁制令確保你和你兒子可以繼續住在你現時的家中。如果你手上有任何可以支持你說法的文件請盡快交給陳律師。

阿 Ling：什麼才是可以支持我說法的文件？我請幼稚園的老師幫我寫封信證明他曾經到兒子的幼稚園大吵大鬧叫校方替他做退學手續，這樣可以嗎？我知道老師會願意幫我寫這封信的。

金：可以。

阿 Ling：我還有他上個月的銀行月結單副本。我記得他當時放了在枱上然後他行開了不知在找什麼，我用手機影低了。這張銀行月結單副本可以證明他現在的財政狀況，我可以發個副本給陳律師。

金：好的。

阿 Ling：我家的管理員比較怕事，我擔心他不肯幫我。

金：這個沒有問題，我們可以照事實告訴法庭，法庭是會理解的。

阿 Ling：那麼好吧，請金大狀和陳律師盡快幫我先申請禁制令，及申請中期贍養費，保障我和兒子暫時的生活。

法律小知識

就算突然被趕出家，可以立即找律師向當值法官申請一個緊急的禁制令，禁止對方把你趕出婚姻居所。家事法庭是有當值法官處理緊急事情的。

就有關緊急禁制令，可以單方面向當值法官作出緊急申請，當值法官會當場審理並且立即頒下相關禁制令。申請這個緊急禁制令，要準備傳票和支持誓章。如果已經過了辦公時間，可能要到當值法官家中向當值法官當面陳述，好像在法庭一樣，只不過場地不是在法庭而是在當值法官的家中。

就有關中期贍養費的申請，要準備傳票和支持誓章，向法庭申請排期聆訊，然後把文件副本送遞給丈夫，他有可能收到文件後會聘請律師準備回應誓章，如果他向法庭存檔回應誓章，亦會發一份副本給妻子。雙方會細閱誓章，準備聆訊。法庭排期聆訊要視乎法庭的日程表，通常家事法庭排期聆訊要兩至三個月。

40.
搞你全家？

Joyce：金大狀，我和我丈夫離婚的其中一個理由是他對金錢太過計較。他現在更加要謀算我父親的公司！

我在大學畢業之後，便開始在我爸爸的公司任職文員，一直學習如何幫我爸爸打理他的生意。現在我已經是公司的經理。我爸爸的公司現時每個月都會發六萬元的月薪給我。在我的「經濟狀況陳述書」上都有申報。

我的丈夫一直都知道我是家中的獨女，我爸爸的生意遲早都是會由我來承繼的，所以他認為我爸爸的公司都算是我的。他現在向法庭申請要求我披露我爸爸公司的經濟狀況，包括周年核數報告。我真的不想影響到我爸爸，他這樣做，會令我爸爸很不高興。下個月就這個披露要上庭應訊，我不知怎樣做好，希望你可以幫我。

金：沒有問題，你現在盡快找姚律師轉聘我，我們一齊幫你吧。

Joyce：好的。

聆訊當日

金大狀盤問 Joyce 的丈夫（歐陽先生）。

金：歐陽先生你知道 Joyce 和 X 公司是什麼關係嗎？

歐陽：Joyce 在 X 公司任職經理。

金：那麼 Joyce 和 X 公司是僱主和僱員關係，為什麼你要求 Joyce 披露 X 公司的經濟狀況呢？

歐陽：X 公司不只是 Joyce 的僱主，X 公司是屬於 Joyce 父親的，即是 Joyce 的。

金：為何你說 Joyce 父親的公司就是 Joyce 的？

歐陽：Joyce 是獨生女，所有認識她的人都知道 Joyce 會承繼她的家族生意，即是她爸爸的 X 公司。

金：X 公司的持有人現在仍然是 Joyce 的父親，對嗎？

歐陽：但遲早都會是 Joyce 的。

金：現在仍然是 Joyce 父親的，對嗎？

歐陽：……（猶豫了一會，沒有正面回答）然後又再重複說，遲早都會是 Joyce 的。……還有，我知道 Joyce 的父親已經立了遺囑，寫明所有遺產都會給 Joyce 的。

金：你怎樣知道 Joyce 的父親已經立了遺囑把所有財產給 Joyce？

歐陽：是 Joyce 的父親親口告訴我的。他還說明公司遲早都會是 Joyce 的。

金：Joyce 的父親是可以隨時改遺囑的，你知道嗎？

歐陽：啊……我不知道。

金大狀問 Joyce。

金：X 公司成立了多久？

Joyce：至今七十五年，是爺爺創立的，然後我父親承繼了。

金：X 公司現時有多少位股東？

Joyce：一位。

金：股東是你嗎？

Joyce：不是。

金：股東是誰？

Joyce：我父親，陳大明。

金：你父親於哪一年正式成為唯一股東？

Joyce：大約二十八年前，我爺爺將公司所有股份轉了給我父親。

金：你爺爺當時亦是公司的唯一股東嗎？

Joyce：是。

金：那麼你父親便在大約二十八年前成為公司的唯一股東？

Joyce：是。

金：你父親成為股東後，公司有沒有變更過股東？

Joyce：沒有變更過。

金：公司的董事是誰？

Joyce：都是我父親。

金：你有沒有做過公司董事？

Joyce：我從來沒有做過公司董事。

金：你爸爸現時的身體狀況如何？

Joyce：我爸爸身體非常健康，他每日都有做運動。每年亦有做身體檢查，我上個星期陪我爸爸聽身體檢查的報告時，醫生還稱讚我爸爸六十歲的身體比五十歲的人還要好。

金大狀作出結案陳詞：法官閣下，根據呈請人 Joyce 較早前向法庭遞交由公司註冊處查冊的公司資料顯示，X 公司的股東和董事的確由大約二十八年前開始便已經是陳大明先生，本案的呈請人 Joyce 從來沒有做過公司的股東或董事。所有資料的顯示和呈請人的作供吻合，證明呈請人是一位誠實可靠的證人。呈請人和 X 公司只屬於僱主及僱員關係。加上，陳大明先生現時身體健康狀況良好，呈請人並沒有遺產承繼。因此，呈請人不需要為 X 公司的財務狀況作出任何披露。

官：本席考慮了案情，金大律師的陳辭及呈請人和答辯人雙方的證供，本席接納呈請人方面的說法，X 公司並不屬於呈請人。X 公司和呈請人只屬於僱主和僱員關係，因此，呈請人不需要就 X 公司作出任何財政方面的披露。

Joyce：非常感謝。我之前還非常擔心要把我爸爸的公司分給他。

金：很多婚姻訴訟中，都會有一些無理的申請，要求對方就第三方的財政作出披露，以為可以謀求更多的利益，實在是無理取鬧。

法律小知識

婚姻訴訟中，法庭一般都不會接納要求對方就父母或父母公司的財務狀況作出披露。除了個別特別情況，通常只有訴訟雙方名下的財產，才算是家庭資產。

Court Diary
in English

41.
A Bite became a Slap?

Mr. Choi asked his aunt to take his *Akita* dog out for a walk. He later received a phone call from his aunt, saying that his dog had bitten a passerby! Mr. Choi went to the scene to help. He saw his aunt kept on crying, and two police officers, A and B, kept on asking her questions. And later, Mr. Choi was charged with assaulting police officer A?! Mr. Choi immediately instructed Mr. Gold to defend him.

Gold: Would you like to plead guilty or not guilty?

Choi: Not guilty.

Gold: What would be your defence?

Choi: I did not assault any police officer. I only told him to lower his voice.

Gold: Okay. Let's prepare for trial.

On the day of the trial, the prosecutor called police officer A to testify.

A: That day, I went to the scene to investigate a case of a dog biting people. I saw the complainant and a middle-aged woman carrying a dog. I asked the woman who is the dog owner, and I asked her for her personal particulars. However, this woman just kept crying. Later, she phoned someone and handed the phone over to me. The man on the phone was very fierce and kept scolding me. The man later arrived at the scene, still very fierce, and kept scolding me loudly. He then slapped me on my left chest with his right hand. Later, police officer B arrested the defendant for assaulting a police officer.

Mr. Gold cross-examined police officer A.

Gold: How did the defendant slap you? Did he slap you with his hand going downward, or did he push you from the front?

A: He slapped my left chest with his hand going downward.

Gold: Did the defendant say anything before slapping you?

A: He told me to shut up.

Gold: How did you respond?

A: I asked him, why hit me?

Gold: How did police officer B respond?

A: No response.

Gold: This occurred at 5 p.m., right?

A: Correct.

Gold: The scene was in a busy area, right?

A: I agree.

Gold: A middleaged male passerby saw what had happened, agree?

A: I think so.

Gold: You and your colleague told him to leave, correct?

A: Yes.

Gold: Why did you tell him to leave?

A: To avoid too many people gathering at the scene.

Gold: Why not ask him to be a witness?

A: We didn't think about it.

Gold: You told him to leave because you knew that the defendant did not hit you at all.

A: I disagree.

Gold: I put it to you that you scolded the woman loudly and asked her to produce her ID card.

A: I disagree.

Gold: This woman kept on crying, and you kept on scolding her.

A: I did not.

Gold: When the defendant arrived, he waved his hand to signal you to lower your voice. He was using his right hand, with the back of his hand facing the sky, his palm towards the ground, moving up and down repeatedly.

A: No.

Gold: The defendant said you were very impolite and that he would make a complaint against you.

A: No.

Gold: Then you said he assaulted a police officer.

A: He did assault a police officer.

Gold: The defendant never slapped your chest.

A: He did.

Police officer B testified, also saying that Mr. Choi had slapped police officer A's chest. Mr. Gold cross-examined police officer B.

Gold: Was police officer A talking very loudly?

B: No, just a normal voice.

Gold: Did the defendant tell police officer A not to speak loudly?

B: No.

Gold: Did police officer A scold the woman at the scene?

B: No.

Gold: Did police officer A treat the woman impolitely?

B: No.

Gold: How did the defendant slap A's chest? Did he push his hand forward?

B: Yes.

Gold: Before the defendant pushed police officer A, did he say anything?

B: No.

Gold: After the defendant pushed police officer A, how did you respond?

B: I did not respond.

Gold: The defendant never slapped A's chest?

B: I disagree.

Mr. Choi chose not to give evidence. Mr. Gold made his closing submission.

Gold: The evidence of police officers A and B do not match. If the defendant actually slapped police officer A, police officer B should have asked him to stop rather than stand by idly. If there was actually an assault on a police officer, the police officers should have asked the middle-aged male bystander to be a witness rather than telling him to leave. The prosecution produced a medical report which stated that police officer A's chest had "tenderness," which is merely a subjective feeling of pain. It cannot be treated as independent evidence of assault. The Defendant should be found not guilty.

The Magistrate accepted Mr. Gold's submission and acquitted the defendant. Tina, Mr. Gold's pupil, asked Mr. Gold outside court regarding the ruling.

T: Why would a dog-bite-person case become one of assaulting a police officer?

Gold: Clearly, someone was very impulsive at the scene, causing a minor issue to blow up.

T: Who was being impulsive?

Gold: Haha, do you not yet know? Think about it.

T: Oh…let me think…I know it now.

Some Legal Knowledge

1. CAP 232 POLICE FORCE ORDINANCE Section 63 Penalty on person assaulting, etc. police officer in execution of duty, or misleading officer by false information

Any person who assaults or resists any police officer acting in the execution of his duty, or aids or incites any person so to assault or resists, or refuses to assist any such officer in the execution of his duty when called upon to do so, or who, by the giving of false information with intent to defeat or delay the ends of justice, wilfully misleads or attempts to mislead any such officer, shall be liable on summary conviction to a fine of $5,000 and to imprisonment for 6 months.

2. CAP 212 OFFENCES AGAINST THE PERSON ORDINANCE Section 36 Assault with intent to commit offence, or on police officer, etc.

Any person who——

(a) assaults any person with intent to commit an arrestable offence; or

(b) assaults, resists, or wilfully obstructs any police officer in the due execution of his duty or any person acting in aid of such officer; or

(c) assaults any person with intent to resist or prevent the lawful apprehension or detainer of himself or of any other person for any offence, shall be guilty of an offence triable either summarily or upon indictment, and shall be liable to imprisonment for 2 years.

42.

Lucky Rainbow

Mr. Chan is a manager of Company X, who was in charge of a book exhibition counter. In order to attract more people to visit his counter, he set up the game of "Lucky Rainbow." Mr. Chan went to the "Lai Yuen （荔 園） Amusement Centre" a long time ago to play Lucky Rainbow while he was eight years old. He won a big doll and was very excited. He dreamt of himself winning the big doll repeatedly at night. Up till now, he still keeps this happy memory in his mind.

In order to get the tokens for the game, the participants have to log in to the Company's social media and "like" the page. The participants then could use the tokens to throw toward the rainbow pattern. If a token is within the margin of the colours of the rainbow, it will win a prize.

Everything went smoothly until there was a woman who redeemed 20 tokens and successfully won 2 prizes. When the staff was congratulating her, she suddenly showed her police warrant and alleged that the Company was operating a gambling establishment!

Mr. Chan instructed Counsel Mr. Gold to act on behalf of the Company.

Chan: It is only a game, not involving money. Why would they sue my company?

Gold: Even if it only involves prizes, not money, it could still be "gambling."

Chan: Why is it gambling when it is neither Mahjong nor poker?

Gold: Hm......The prosecution is trying to say that "Lucky Rainbow" involves "luck," and so it constitutes gambling......Okay, let us prepare for the trial.

On the trial day, the prosecution called the female police officer to give evidence. Mr. Gold cross-examined the female police officer.

Gold: You won 2 prizes on that day, right?

Officer: Yes.

Gold: Your eyesight is pretty good.

Officer: It's alright.

Gold: So, to win the prize, you have to throw the token inside the margin of the colours of the rainbow, correct?

Officer: Yes.

Gold: Do you agree that if you throw the token with too much force or too little force, you would have lost?

Officer: Agree.

Gold: So, you have to possess the skill of controlling the force of throwing in order to win. Do you agree?

Officer: Right.

The prosecution made their closing submissions, saying that Company X had not submitted an application for Trade Promotion Competition Licence and held the game of "Lucky Rainbow" that involved luck. Therefore it constituted operating an unlawful gambling establishment.

Mr. Gold made his closing submission: "Lucky Rainbow" is not gambling, as it involves the technique of controlling the throwing force to throw it inside the margin of the colours of the rainbow. Therefore it relies on technique, not luck. It does not amount to unlawfully gambling. May I invite Your Lordship to acquit the defendant?

The Magistrate made his ruling: The definition of gambling involves luck, meaning that it is a random factor that cannot be controlled by the player. In fact, everything in life is related to luck, and the definition of luck is too broad sometimes. I now use the example of poker to determine if "Lucky Rainbow" involves luck. In a game of poker, the cards that the player drew constitute "a random factor that the player could not control." Therefore, poker is a game of luck and technique, and hence it is gambling. However, Chinese Chess does not constitute "a random factor that the player could not control," so it is not gambling. In this case, the game "Lucky Rainbow" does not have "a random factor that the player could not control." Therefore, it is not gambling. I rule that Company X is not guilty.

Manager Mr. Chan thanked Mr. Gold outside Court.

Gold: Be careful in the future. Some innocent people can offend the law without knowing it!

Some Legal Knowledge

CAP 148 GAMBLING ORDINANCE Section 5

Unlawful gambling establishments

Any person who on any occasion——

(a) operates a gambling establishment;

(b) manages or otherwise has control of a gambling establishment; or

(c) in any capacity assists, either directly or indirectly, in the operation or in the management or other control of a gambling establishment,

commits an offence and is liable——

(i) on summary conviction to a fine of $5,000,000 and to imprisonment for 2 years; or

(ii) on conviction on indictment to a fine of $5,000,000 and to imprisonment for 7 years.

gaming (博 彩) means the playing of or at any game for winnings in money or other property whether or not any person playing the game is at risk of losing any money or other property;

game (博彩遊戲) means a game of chance and a game of chance and skill combined and a pretended game of chance or chance and skill combined, and also means any game whatever in which——

(a) a bank is kept by one or more of the players exclusively of the others; or

(b) the chances of the game are not equally favourable to all the players, including among the players, the banker or other person by whom the game is managed or against whom the players stake, play or bet;

43.

No one is safe

A, B, C, and D were charged with trafficking dangerous drugs. A was the driver of the car, B was the passenger in the front seat, and C and D were the passengers in the back seats. A pleaded guilty, whereas B, C, and D pleaded not guilty.

The Prosecution's case was that the police saw a private car parked at Portland Street in Mongkok. B got out of the car from the left front door, and C got out at the left rear door. B passed a bag to C. C opened the bag and took a look. Subsequently, 500 grams of Heroin was found in the bag, and C was arrested. 300 grams of Heroin was also found in D's crossbody bag. The police arrested B, C, and D. Under caution, they claimed that they were trying to sell these drugs for some easy money.

A pleaded guilty, whereas B, C, and D instructed solicitor Mr. Kong

Chung Yau to represent them. Mr. Kong then instructed Counsel Mr. Gold as the defence counsel and organized a conference for Mr. Gold, B, C, and D.

Gold: are you pleading guilty or not guilty?

B: we are pleading not guilty because the drugs were found in the trunk of the car, and we did not know there were drugs in the trunk.

Gold: Did you orally admit you wanted to sell the drugs in exchange for some easy money?

B: No.

Gold: Okay then, let's see how what we can do.

On the trial day, the jury was empaneled, and the Prosecution called witnesses one by one. Police Officer A gave evidence describing the event on the night of the incident: Police Officer A and three other police officers were on duty at Portland Street in Mongkok. A parked the car on the road, and B walked out from the left front door. C got off from the left rear door. B showed a bag to C. C opened the bag and took out a package of the item; then placed it back into the bag and held onto the bag. Subsequently, drugs were found inside the bag, and drugs were also found in D's crossbody bag.

Counsel Mr. Gold cross-examined Police Officer A.

Gold: When the four of you were at Portland Street, how did you position yourselves?

Police Officer A: Two at the front and two at the back.

Gold: How far apart were you?

Police Officer A: around 30 meters.

Gold: Where did A park the car?

Police Officer A: In between us.

Gold: Is there any special reason why this car would be stopped right in between the four of you?

Police Officer A: That...I am not sure.

Gold: This is a common private car.

Police Officer A: Yes.

Gold: The front seats and the back seats are not separated from each other by a panel, correct?

Police Officer A: Yes.

Gold: When B was in the car, he could have passed the bag to C, correct?

Police Officer A: Oh yes.

Gold: When you said B passed the bag to C to have a look and C took out a package of items from the bag, could other pedestrians on the road have also seen this package?

Police Officer A: Yes.

Gold: Really?

Police Officer A: Ah, yes.

Gold: After the police officers arrested B, C, and D, did they confess orally?

Police Officer A: Yes.

Gold: But B, C, and D refused to sign on the police officer's notebook, correct?

Police Officer A: Yes.

Gold: Because they verbally make any admission.

Police Officer A: Disagree.

Gold: The police officers suddenly pulled them out of the car.

Police Officer A: No.

Gold: All the drugs were found in the trunk of the car.

Police Officer: Disagree.

Gold: No drugs were found in D's crossbody bag.

Police officer A: Disagree.

Gold: In that case, why was no photograph taken about the fact that the drugs were found in the crossbody bag at the scene?

Police Officer A: Ah... I don't know.

Gold: You arrested D at 11 p.m..

Police Officer A: Yes.

Gold: If drugs were found in the crossbody bag, how come the crossbody bag was only seized as an exhibit at 2:05 a.m.?

Police Officer A: Oh. This I don't know.

The Prosecution said in its closing submission: "......If the police officers were telling the truth...the passengers in the car should also have known about the drugs......please return a verdict of guilty for B, C and D."

Mr. Gold made his closing submissions about the doubts in the prosecution case. He also said, "The prosecutor said passengers inside the car should have known about the drugs inside the car. Please do not accept this theory; otherwise, no one will be safe in this world. Every day, we may sit in the cars of friends, taxis, public light buses, and buses. If the passengers on board a car should be responsible for drugs inside the car, a lot of innocent people will be put into jail. No one will be safe in this world..."

The trial judge then summed up the case and gave directions as to the law. The jury reached a unanimous decision. All B, C, and D were acquitted 7:0. B, C, and D felt relieved.

Some Legal Knowledge

CAP 134 DANGEROUS DRUGS ORDINANCE

Section 4 Trafficking in dangerous drug

(1) Save under and in accordance with this Ordinance or a licence granted by the Director hereunder, no person shall, on his own behalf or on behalf of any other person, whether or not such other person is in Hong Kong——

(a) traffic in a dangerous drug;

(b) offer to traffic in a dangerous drug or in a substance he believes to be a dangerous drug; or

(c) do or offer to do an act preparatory to or for the purpose of trafficking in a dangerous drug or in a substance he believes to be a dangerous drug.

(2) Subsection (1) shall apply whether or not the dangerous drug is in Hong Kong or is to be imported into Hong Kong or is ascertained, appropriated or in existence.

(3) Any person who contravenes any of the provisions of subsection (1) shall be guilty of an offence and shall be liable——

(a) on conviction on indictment, to a fine of $5,000,000 and to imprisonment for life; and

(b) on summary conviction, to a fine of $500,000 and to imprisonment for 3 years.

44.
Weird Sex Dreams (Part I)

Tommy and X were secondary schoolmates who had known each other for 10 years. They were good friends but were not in a boyfriend/girlfriend relationship. Tommy and X already have his/her own girlfriend and boyfriend.

Tommy, X, and other friends (five boys and four girls in total) met up in a hotel room to have a party. They chatted, had wine, and were very happy, staying up until late at night, refusing to return home. All of them slept in the room, with five boys on one bed and four girls on another.

The next morning, they all went out for breakfast, except X. X said that they should leave $100 as a tip for the cleaner because someone had vomited and made a mess of the room. X looked quite normal.

金的法庭日誌：法官閣下，請還我清白！

About a week later, Tommy received a WhatsApp message from X.

X: Do you have anything to apologize to me for?

T: Sorry, I'll give you the insurance policy tomorrow. (X was an insurance agent, and Tommy promised X to purchase an insurance policy. However, Tommy had not yet given a completed insurance policy form to X.)

X: I'm not talking about that. I'm referring to what happened that morning.

T: Sorry, please don't tell Ah Ling. (Tommy's girlfriend)

X: If we were not friends, I would have called the police already.

T: I know I am a bad person when I sleep. Sorry.

X: If you are saying that you were sleeping at that time, why do you immediately know what happened when I ask you about it?

T: I only realized it when I woke up, but I didn't know whether I had actually done it or if it was merely a dream.

Later on, X made a report to the police. She said that that morning, Tommy sexually assaulted X. X was sleeping and felt someone touching her. She opened her eyes and saw Tommy at the side of the bed, caressing her waist, buttocks, and private parts. Tommy had his eyes open?!

Tommy immediately instructed Mr. Gold to represent him.

Gold: Are you pleading guilty or not guilty?

T: Not guilty.

Gold: What is your defence?

T: I don't even know what I had done at that time.

Gold: Do you have a habit of sleepwalking?

T: I don't know, but my girlfriend Ah Ling said that I had sexually assaulted her while sleeping, sometimes quite violent, unlike my usual self.

Gold: So, do you know whether you touched X or not?

T: I don't know.

Gold: Have you consulted a doctor about your condition?

T: No.

Gold: Let's find a specialist to diagnose your problem.

On the day of the trial, the prosecution called X to testify. X said that Tommy touched her waist, buttocks, and private parts in the morning and that Tommy's eyes were open. As X was very tired, she just pushed Tommy away and continued sleeping.

Mr. Gold cross-examined X.

Gold: You've known Tommy for 10 years?

X: Yes.

Gold: Before the incident, you two were good friends?

X: Yes.

Gold: Did Tommy say anything during the incident?

X: No.

Gold: Did you say anything?

X: No.

The prosecution called psychiatrist Dr. Lee to testify.

Lee: I have never treated patients suffering from "sexsomnia" before.

Very few people suffer from this disease. I only know two instances of "sexsomnia" previously treated by my colleagues. It is likely that Tommy did not suffer from sexsomnia at the time of the incident, as it is just Tommy's side of the story.

Mr. Gold cross-examined Dr. Lee.

Gold: You confirm that "sexsomnia" does exist.

Lee: Yes.

Gold: Sexsomnia occurs when a patient engages in sexual acts while sleeping.

Gold: At the time of such an incident, his eyes are usually open.

Lee: They are usually open.

Tommy gave evidence that he did not know anything during the incident. His girlfriend Ah Ling had informed him in the past that Tommy sexually assaulted Ah Ling while sleeping! Therefore Tommy thought he had some problems. When X questioned him, he felt that he must have done something wrong, so he apologized to X.

The prosecutor cross-examined Tommy.

Prosecutor: When X questioned you, why didn't you ask X what had happened?

T: Um, I think I might have indecently assaulted her while sleeping, so I didn't ask what had happened.

Prosecutor: Why didn't you clarify before apologizing?

T: Ah, I thought I probably had done something bad, so I didn't ask.

Prosecutor: You didn't ask because you knew what you were doing when you sexually assaulted X.

T: Disagree.

Prosecutor: When did you first see your psychiatrist, Dr. Wong?

T: In August (3 months ago).

Prosecutor: So you consulted Dr. Wong after this incident assault incident that happened in July.

T: I agree with you about the timing.

Prosecutor: Why didn't you see a doctor when Ah Ling first told you about your problem?

T: I didn't know I had to see a doctor.

Prosecutor: You only pretended to have this condition and saw a doctor after the indecent assault just to excuse yourself in this case.

T: No.

Mr. Gold called Tommy's girlfriend, Ah Ling, to testify. Ah Ling said that Tommy had previously sexually assaulted her when asleep and that he was quite violent in doing so, unlike his usual self.

The prosecutor cross-examined Ah Ling.

Prosecutor: How do you know whether Tommy was sleeping or awake while assaulting you?

Ling: Because he was sleeping.

Prosecutor: Why didn't you ask him to see a doctor?

Ling: I didn't know that was necessary.

Prosecutor: You weren't in the hotel when the incident happened, right?

Ling: Correct.

Prosecutor: You don't know whether Tommy was awake during the incident, do you agree?

Ling: I believe that Tommy was not awake during that time.

Mr. Gold called Dr. Wong to testify. Dr. Wong said that "sexsomnia" does exist, and Tommy was very likely to be suffering from this condition. Thus Tommy did not know what he had done.

The prosecutor cross-examined Dr. Wong.

Prosecutor: He only started seeing you in August.

Wong: Yes.

Prosecutor: You form your opinion by only relying on what Tommy told you.

Lee: No, I also saw Tommy's girlfriend, Ah Ling, and read the witness statements of this case.

Prosecutor: A defendant can pretend to have "sexsomnia" after sexually assaulting a person. Do you agree?

Wong: Possible, but my opinion is that Tommy really had "sexsomnia" at the time of the incident.

The prosecutor delivered a closing submission, saying that Tommy was awake during the incident. He just pretended to have "sexsomnia."

Mr. Gold made his closing submission that Tommy suffered from "sexsomnia" and therefore did not know what he had done.

The trial magistrate delivered the verdict: "...when X questioned the defendant, he did not ask what had happened but immediately apologized. This is enough to prove that he knew what had happened; He was awake at that time. ...the psychiatrist Dr. Wong only saw the defendant after the incident... he relied entirely on the defendant's own revision of the events. I do not accept the assertion that the defendant may have suffered from "sexsomnia" during the incident... I convict the defendant of indecent assault."

Tommy was convicted of indecent assault and sentenced to 5 months imprisonment. He was devastated and decided to appeal against the conviction.

Some Legal Knowledge

CAP 227 MAGISTRATES ORDINANCE Section 114

Procedure for appeals under section 113 prior to entry of appeal

Where a person is authorized by section 113 to appeal to a judge, the following provisions shall apply——

(a) the appellant shall, within 14 days after the day of his conviction or the order or determination by the magistrate or within such extended time as may be ordered upon application made in accordance with section 114A, give to the magistrates' clerk notice in writing of his appeal, stating the general grounds of his appeal, and signed by him or his agent on his behalf, and thereupon the magistrates' clerk shall give a copy of such notice to the respondent and, if he is not the respondent, also to the Secretary for Justice; (See Forms 101, 102)

(b) when a notice of appeal has been given to the magistrates' clerk the magistrate whose conviction, order or determination is the subject of the notice of appeal shall prepare a signed statement of his findings on the facts and other grounds of his decision and within 15 days after the day on which the notice of appeal was given cause a copy to be served upon the appellant and respondent and, if he is not the respondent, also upon the Secretary for Justice.

45.
Weird Sex Dreams (Part II)

Part 1 of "Weird Sex Dreams" tells us that X woke up and saw The Appellant touching X's waist, buttocks, and private parts. X later reported the case to the police, and The Appellant was arrested and charged with Indecent Assault. The trial Magistrate refused to accept The Appellant's testimony that he did so due to "sexsomnia" (i.e., engaged in sexual activities while sleeping) at the time of the incident. He ruled that The Appellant was awake during the incident and convicted The Appellant of indecent assault with a sentence of 5 months imprisonment! The Appellant was devastated and decided to appeal against the conviction.

Mr. Gold represented The Appellant in his appeal against conviction and made his submission in the Court of First Instance.

Gold: The trial Magistrate erred in rejecting the Appellant's evidence by saying that the Appellant apologised to X without asking for details, saying that The Appellant must have known what had happened. When X asked The Appellant whether he had something to apologise for, The Appellant already knew beforehand via his girlfriend, Ah Ling, that he had unconsciously sexually assaulted Ah Ling while asleep. That was why the Appellant did not ask for details before apologizing to X. The Appellant's evidence was not contradictory. The Appellant's girlfriend, Ah Ling, knew that the Appellant might sometimes sexually assault Ah Ling while asleep. Therefore, she decided to act as a defence witness for the Appellant. Hence the conviction is unsafe and uncontradictory. Your Lordship is invited to allow the appeal and quash the conviction.

The prosecutor responded.

Prosecutor: The trial Magistrate is entitled to reject the Appellant's testimony. Ah Ling is the Appellant's girlfriend. She lied to help the Appellant. The trial Magistrate is entitled not to accept their evidence. The conviction should stand. Your Lordship is invited to dismiss the Appellant's appeal.

The High Court Judge handed down its ruling:

"The trial Magistrate said that the Appellant did not ask X why she scolded him before he apologized to X, and therefore the Appellant must have known what had happened, and that he was conscious during the incident. As a result, the trial Magistrate held that the Appellant had lied... I find that the Appellant's evidence is consistent with his evidence that he suffered from "sexsomnia", and that his girlfriend Ah Ling had already told him that he had sexually assaulted Ah Ling while asleep. Thus, it is not surprising that the Appellant apologized to X before asking X what had happened… More importantly, the Appellant had drunk wine at the time. He could have said that he indecently assaulted X while being drunk. However, the Appellant had never said that he did something wrong due to alcohol intoxication. It shows that the Appellant was probably telling the truth… The trial Magistrate said that Ah Ling was the Appellant's girlfriend, and therefore lied to help the Appellant. I have some doubt about such finding. The Appellant's girlfriend, Ah Ling should have been outraged by the fact that the Appellant had sexually assaulted another women, or even could have broken up with up the Appellant. However, not only did Ah Ling not break up with the Appellant, she even became a defence witness for him. I am moved by Ah Ling's behaviour and strongly believe that she is telling the truth… I rule that the Appellant and Ah Ling were likely to have told the truth… I allow the appeal, and quash the conviction."

Wai Wai, Mr. Gold's pupil, asked Mr. Gold outside the court regarding the ruling.

Wai: Would such a ruling encourage others to commit sexual offences using the same excuse?

Gold: Haha, I believe that the chance is quite slim. Firstly, although you can sexually assault someone with your eyes open, you must pretend to be asleep before and after that. Secondly, you must be able to find a

金的法庭日誌：法官閣下，請還我清白！

girlfriend to be your defence witness and also find a psychiatrist to help you. Who would be so silly to do all that? If there is really such a silly person, preparing so many things and then sexually assaulting a girl while awake, we can wait and see if he will be lucky.

Wai: I see.

Some Legal Knowledge
CAP 200 CRIMES ORDINANCE Section 122
Indecent assault

(1) Subject to subsection (3), a person who indecently assaults another person shall be guilty of an offence and shall be liable on conviction on indictment to imprisonment for 10 years.

(2) A person under the age of 16 cannot in law give any consent which would prevent an act being an assault for the purposes of this section.

(3) A person is not, by virtue of subsection (2), guilty of indecently assaulting another person, if that person is, or believes on reasonable grounds that he or she is, married to that other person.

(4) A woman who is a mentally incapacitated person cannot in law give any consent which would prevent an act being an assault for the purposes of this section, but a person is only to be treated as guilty of indecently assaulting a mentally incapacitated person by reason of that incapacity to consent, if that person knew or had reason to suspect her to be a mentally incapacitated person.

潘展平大律師、姚雅花律師 著

金的法庭日誌

作者：潘展平大律師、姚雅花律師
編輯：青森文化編輯組
設計：4res

出版：紅出版（青森文化）
地址：香港灣仔道 133 號卓凌中心 11 樓
出版計劃查詢電話：(852) 2540 7517
電郵：editor@red-publish.com
網址：http://www.red-publish.com

香港總經銷：聯合新零售（香港）有限公司
台灣總經銷：貿騰發賣股份有限公司
地址：新北市中和區立德街 136 號 6 樓
電話：(886) 2-8227-5988
網址：http://www.namode.com

出版日期：2023 年 1 月
ISBN：978-988-8822-30-0
上架建議：社會科學／法律
定價：港幣 108 元正／新台幣 430 圓正

法官閣下，請還我清白！